Julián Hasse

Cómo editar
fotos digitales

longseller

CÓMO EDITAR FOTOS DIGITALES
© Longseller, 2003

EDICIÓN DE LA COLECCIÓN: Juan Carlos Kreimer
DISEÑO DE PORTADA: Estudio Tango
CORRECCIÓN: Claudio Adrianzen Bei

DIVISIÓN ARTE LONGSELLER
DIRECCIÓN DE ARTE: Adriana Llano
COORDINACIÓN GENERAL: Marcela Rossi
DISEÑO: Javier Saboredo / Diego Schtutman
DIAGRAMACIÓN: Santiago Causa / Mariela Camodeca
CORRECCIÓN: Cristina Cambareri

Longseller S.A.
Casa matriz: Avda. San Juan 777
(C1147AAF) Buenos Aires
República Argentina
Internet: www.longseller.com.ar
E-mail: ventas@longseller.com.ar

778	Hasse, Julio
HAS	Cómo editar fotos digitales. -1ª ed.- Buenos Aires, Longseller, 2003
	144 p.; 22x15 cm.- (Creando con tu PC)
	ISBN 987-550-315-0
	I. Título - 1. Fotografía Digital-Edición

Esta edición de 3000 ejemplares se terminó de imprimir en los talleres de
Longseller, en Buenos Aires, República Argentina, en octubre de 2003.

Índice

«Una de las consecuencias más obvias de la hegemonía de la electrónica en el campo mediático es la pérdida del valor de la imagen (sobre todo de la imagen fotográfica y de todas aquellas basadas en su modelo) como documento, como evidencia, como testimonio de una preexistencia de la cosa representada, o como árbitro de verdad. La creencia más o menos generalizada de que la cámara no miente y que la imagen de origen fotográfico es, antes que nada, el resultado inmaculado de un registro de los rayos de luz reflejados por los seres y los objetos del mundo, tiende fatalmente a desaparecer muy pronto.

La imagen electrónica ya no se muestra al espectador como un atestado de la existencia previa de las cosas visibles, sino que es explícitamente una producción de lo visible, un efecto de mediación. La imagen se perfila ahora como un "texto" que ha de ser descifrado, como una intervención "escritural", gráfica o conceptual, lo que comporta un arte de la relación, del sentido, y no únicamente de la mirada o de la ilusión.»

Arlindo Machado
Arte en la era de la electrónica
Editorial ACC, Langelot, Barcelona, 1997.

Prólogo

Todo el mundo sabe lo que significa "digital". Es la invención que transformó nuestros gigantes discos negros de ayer en mínimos espejos plateados de 12 centímetros de diámetro: los discos ópticos compactos o CDS.

El vinilo de los discos negros reproducía el sonido de manera analógica (llamada así por ser "similar" a la naturaleza), por codificación eléctrica de las vibraciones sonoras, transformadas luego por grabación física en microsurcos. El CD de audio almacena estos sonidos en el lenguaje cifrado propio de las computadoras. Contiene largas series de unidades elementales, o "bits", donde cada cual es igual a 0 o 1. De allí el término digital.

Lo mismo ocurre con las imágenes. Los papeles emulsionados están siendo reemplazados por los dispositivos electrónicos de captura.

Pero ¿es el soporte físico la única diferencia entre la fotografía "analógica" y la "digital"? ¿El modo de captura condiciona el medio expresivo? ¿Cuáles son las aplicaciones concretas de las imágenes digitales?

Estas y otras preguntas serán abordadas en las próximas páginas, a partir de un viaje a través de la historia de la fotografía: desde la cámara oscura de Leonardo hasta el pixel.

Intentaremos entender la evolución de la fotografía como disciplina narrativa y saber cuáles son los aportes de la tecnología a la misma.

Ya sea usted un novato o un fotógrafo profesional, encontrará en este manual información valiosa sobre el proceso de captura, posterior edición y manipulación de las imágenes y podrá tomar acertadas decisiones de compra de equipos, accesorios, películas y soportes.

Si bien la intención final no es formar fotógrafos profesionales, hemos seleccionado una gran cantidad de técnicas y secretos de grandes artistas que lo ayudarán a mejorar sus fotos y emprender nuevas y creativas formas de contar a través de su propia mirada.

Finalmente, encontrará un útil y completo glosario con la definición de los términos relacionados a la fotografía digital y la edición de imágenes.

Esperamos que las voluntades creativas le pierdan el miedo a la tecnología y se pongan a experimentar con ella sin prejuicios. En esta dirección, Alvy Ray Smith, uno de los pioneros de la imagen digital, empezó una conferencia sobre estos temas con una diapositiva donde un gran titular decía "¡Se necesitan artistas!".

Al igual que Ray Smith, opino que se necesitan artistas con la pasión para explorar la nueva complejidad, para relatar historias atemporales, dispuestos a subvertir la tiranía del rectángulo y a esculpir en el espacio multimediático.

¿Me acompaña?

Julián Hasse

Capítulo 1
Fotografía: Escribir con luz

PRINCIPIOS FÍSICOS DE LA LUZ

Quisiera comenzar con algunos conceptos un poco técnicos pero indispensables sobre el comportamiento de la luz.

En un sentido amplio, la luz es la zona del espectro de radiación electromagnética que se extiende desde los rayos X hasta las microondas, e incluye la energía radiante que produce la sensación de visión.

La energía radiante tiene una naturaleza dual, y obedece leyes que pueden explicarse a partir de una corriente de partículas o paquetes de energía, los llamados fotones. El concepto de fotón se emplea para explicar las interacciones de la luz con la materia que producen un cambio en la forma de energía, como ocurre con el efecto fotoeléctrico o la luminiscencia.

El concepto de onda suele emplearse para explicar la propagación de la luz y algunos de los fenómenos de formación de imágenes. En las ondas de luz, como en todas las ondas electromagnéticas, existen campos eléctricos y magnéticos en cada punto del espacio, los cuales fluctúan con rapidez.

El número de oscilaciones o vibraciones por segundo en un punto de la onda luminosa se conoce como frecuencia. La longitud de onda es la distancia a lo largo de la dirección de propagación entre dos puntos con la misma 'fase', es decir, puntos que ocupan posiciones equivalentes en la onda.

En el espectro visible, las diferencias en longitud de onda se manifiestan como diferencias de color. El rango visible va desde 350 nanómetros (violeta) hasta 750 nanómetros (rojo), aproximadamente (un nanómetro, nm, es una milmillonésima de metro). La luz blanca es una mezcla de todas las longitudes de onda visibles.

No existen límites definidos entre las diferentes longitudes de onda, pero puede considerarse que la radiación ultravioleta va desde los 350 nm hasta los 10 nm. Los rayos infrarrojos, que incluyen la energía calorífica radiante, abarcan las longitudes de onda situadas aproximadamente entre 750 nm y 1 mm.

En el vacío, la velocidad es la misma para todas las longitudes de onda. La velocidad de la luz en las sustancias materiales es menor que en el vacío, y varía para las distintas longitudes de onda; este efecto se denomina dispersión.

La cámara oscura

En su libro *De Rerum Natura*, Leonardo Da vinci afirma:

«... Digo que si el frente de un edificio, o cualquier espacio abierto, iluminado por el sol tiene una vivienda frente al mismo, y que si en la fachada que no enfrenta al sol se hace una abertura redonda y pequeña, todos los objetos iluminados proyectarán sus imágenes a través del orificio, y serán visibles dentro de la vivienda, sobre la pared opuesta, que deberá ser blanca, y allí estarán invertidos...»

Con la habitual lucidez que caracteriza a Leonardo, se describe así el principio de uno de los antecedentes más claros del comienzo de la fotografía: la cámara oscura.

Es importante entender que la fotografía ha tenido aportes y principios diversos que sufrieron modificaciones y evoluciones a lo largo de la historia, incluso antes de la llegada de las emulsiones sensibles y de las películas de acetato.

El principio óptico en que se basa la cámara oscura fue mencionado ya por Aristóteles (384-322 a.C.), por el erudito árabe Alhazen (965-1038), por Roger Bacon (1214-1294) y por Leonardo Da Vinci (1452-1519). El mismo consiste en que ante la existencia de un cuerpo vacío (una caja, un recipiente, una habitación, etc.) privado de luz, con un orificio en una de sus caras (denominado estenopo) dirigido hacia un objeto iluminado, éste proyecta su imagen, invertida, en la cara opuesta.

Este es un fenómeno que experimentamos a diario (tal vez sin reparar en él) en el interior de una habitación a oscuras con la persiana baja, la cual permite la proyección en el interior de una escena —con baja definición— del mundo exterior.

La imagen proyectada de débil intensidad aparece invertida, debido a que de cada punto del objeto emisor de rayos de luz sólo se aprovecha uno: aquel que traza una línea recta entre ese punto y el estenopo.

Las primeras aplicaciones de este fenómeno que derivaron en la cámara oscura estaban relacionadas con la observación astronómica y la visión de eclipses sin exponer la retina a la emisión directa de los rayos del sol.

La distancia entre el orificio (estenopo) y la pared donde se proyecta finalmente la imagen (plano de proyección) lleva el nombre de distancia focal, mientras que al diámetro del estenopo lo llamaremos abertura. Estos dos elementos, la distancia focal y la abertura de la cámara oscura, inciden en la nitidez de la imagen. A mayor distancia focal, menor claridad de imagen (relación inversamente proporcional), mientras que a mayor diámetro de estenopo, mayor cantidad de luz y por ende mayor calidad de imagen (relación directamente proporcional).

Desde el punto de vista de la óptica (actividad que investiga los fenómenos de la luz y su comportamiento) se dice que una imagen está en foco (o enfocada) cuando cada punto del objeto emisor se corresponde con un punto de su imagen proyectada.

Una imagen está fuera de foco (o desenfocada) cuando aparece borrosa o poco definida debido a que cada punto del objeto emisor no se corresponde con otro punto de la imagen, sino con un círculo de puntos denominado círculo de confusión.

Cuando el estenopo permite el ingreso de rayos de luz de un mismo punto del objeto emisor con diferencias mínimas de direcciones, se generan círculos de confusión, que se traducen en una imagen poco definida.

Podemos en este punto profundizar en dos conceptos ópticos que nos asistirán en la tarea de entender el comportamiento de la luz: la difracción y la refracción.

La difracción se define como la desviación de rayos luminosos alrededor de objetos opacos.

Su efecto se basa en que, nuevamente, a cada punto de la realidad le corresponde un círculo de confusión, llamado disco de Airy.

Las leyes de difracción y refracción de la luz suelen deducirse empleando la teoría ondulatoria de la luz introducida en el siglo XVII por el matemático, astrónomo y físico holandés Christiaan Huygens. El principio de Huygens afirma que todo punto de un frente de onda inicial puede considerarse como una fuente de ondas esféricas secundarias que se extienden en todas las direcciones con la misma velocidad, frecuencia y longitud de onda que el frente de onda del que proceden. Con ello puede definirse un nuevo frente de onda que envuelve las ondas secundarias. Como la luz avanza en ángulo recto a este frente de onda, el principio de Huygens puede emplearse para deducir los cambios de dirección de la luz. Para entender estos conceptos tan abstractos, podemos recurrir a un día lluvioso con sol y ver el arco iris: cuando la luz atraviesa un prisma (o la lluvia) –un objeto transparente con superficies planas y pulidas no paralelas–, el rayo de salida ya no es paralelo al rayo incidente. Como el índice de refracción de una sustancia varía según la longitud de onda, un prisma puede separar las diferentes longitudes de onda contenidas en un haz incidente y formar un espectro (arco iris).

Hablamos anteriormente de la cámara oscura y de cómo este dispositivo primitivo fue el inicio del desarrollo de la fotografía actual.

Pero también afirmamos que las imágenes proyectadas en su interior se distorsionan según la distancia focal y el diámetro del estenopo. Y es en este punto que para incrementar el grado de nitidez y eliminar la difracción, en 1550 Girolamo Gardano incorpora una lente biconvexa al orificio de la cámara. Un verdadero punto de inflexión en la historia de la fotografía: la incorporación de lentes (casi un siglo después de la concepción de la perspectiva geométrica lineal por León Battista Alberti).

Este proceso de evolución continúa en 1568 con el aporte de Daniello Barbaro, autor del tratado *La practica della perspettiva*, quien sugiere la adición de un dispositivo para aumentar o disminuir a voluntad la apertura: el diafragma. Con él, era posible controlar la luminosidad y nitidez de los distintos planos de una imagen (concepto que deriva en la denominada "profundidad de campo").

Recordemos que la cámara oscura mencionada por Leonardo reflejaba las imágenes invertidas. En 1573, Egnatio Danti –quien utilizaba la cámara oscura en investigaciones astronómicas– sugiere la incorporación de un espejo cóncavo donde reflejar la imagen, de modo de enderezar la misma.

Desde ese momento, gran cantidad de pintores utilizarían estas cámaras como elemento auxiliar de dibujo, al igual que algunos astrónomos destacados como Johann Kepler, quien realizaría un manual de dibujos topográficos asistido por una cámara oscura de fabricación propia.

A partir de ese momento, la cámara oscura se transformó en un dispositivo transportable y liviano, al tiempo que la calidad de las lentes se perfeccionaba constantemente.

EL DAGUERROTIPO: UN "ESPEJO CON MEMORIA"

El daguerrotipo, considerado el primer proceso fotográfico exitoso, fue inventado en 1839 por el físico y pintor francés Louis-Jacques-Mandé Daguerre (1787-1851).

La primera fotografía permanente realizada a partir de la naturaleza se debió a Joseph-Nicéphore Niépce (1765-1835), en 1826-1827, y, sin embargo, resultó ser de poca calidad, además de requerir de aproximadamente ocho horas de tiempo de exposición. El sistema que Daguerre desarrolló requería de veinte a treinta minutos para este mismo proceso.

Daguerre, quien se dedicó a pintar escenarios para la opera, inauguró en 1822, en París, el Diorama, un auditorio en el que exhibió piezas de vistas pictóricas con diferentes efectos según los cambios en la iluminación. Esta ilusión o "trompe l'oeil" se enriquecía con el acompañamiento de la música y los elementos apropiados para las diversas escenas. Para la realización de estas pinturas Daguerre utilizó la cámara oscura.

Niépce, que desde 1814 intentaba obtener imágenes permanentes por medio de la acción de la luz del día, se asoció con Daguerre en el desarrollo de su proceso heliográfico, a partir de 1829 y hasta su muerte, ocurrida en 1833. Daguerre continuó con sus experimentos descubriendo por accidente que una imagen latente se formaba sobre una placa de cobre pulida con una solución de plata y sensibilizada con yoduro. Se revelaba por medio de la exposición a vapor de mercurio y posteriormente se fijaba a través de una solución de sal común. Los químicos empleados en este proceso dejaban, con el contacto de la luz, una imagen blanca lechosa o una amalgama de mercurio.

En 1837, Daguerre produjo una fotografía de su estudio, con gran fidelidad y detalle, en una placa de cobre plateada, bautizando el proceso con su propio nombre: daguerrotipo. En 1839 una descripción completa del proceso del daguerrotipo fue anunciada por Francois Dominique Arago (1786-1853) en la Academie des Sciences. La calidad de las fotografías no tenía precedente y su carácter era único, ya que eran imposibles de reproducir. El proceso no involucraba negativos y la imagen que aparecía en la placa era negativa y positiva con el contacto de la luz.

El daguerrotipo —denominado en la época como un "espejo con memoria"— era monocromático, por lo que se recurría a la coloración manual aplicada a través de un pincel para realzar las imágenes. La superficie de un daguerrotipo era extremadamente frágil, requiriendo ser protegido bajo un vidrio en un estuche de piel que se doblaba, generalmente cubierto de madera o plástico.

Los daguerrotipos no eran permanentes porque las planchas se ennegrecían gradualmente y la imagen acababa desapareciendo. En las primeras fotografías permanentes conseguidas por Daguerre, la plancha de revelado se recubría con una disolución concentrada de sal común. Este proceso de fijado, descubierto por el inventor británico William Henry Fox Talbot, hacía que las partículas no expuestas de yoduro de plata resultaran insensibles a la luz, con lo que se evitaba el ennegrecimiento total de la plancha. Con el método de Daguerre se obtenía una imagen única en la plancha de plata por cada exposición.

Mientras Daguerre perfeccionaba su sistema, Talbot desarrolló un procedimiento fotográfico que consistía en utilizar un papel negativo a partir del cual podía obtener un número ilimitado de copias. Talbot descubrió que el papel recubierto con yoduro de plata resultaba más sensible a la luz si antes de su exposición se sumergía en una disolución de nitrato de plata y ácido gálico, disolución que podía ser utilizada también para el revelado de papel después de la exposición. Una vez finalizado el revelado, la imagen negativa se sumergía en tiosulfato sódico o hiposulfito sódico para hacerla permanente. El método de Talbot, llamado calotipo, requería exposiciones de unos treinta segundos para conseguir una imagen adecuada en el negativo. Tanto Daguerre como Talbot hicieron públicos sus métodos en 1839. Ese mismo año, John Eilliam Herschel da el nombre de "fotografías" a las imágenes fijas.

En un plazo de tres años, el tiempo de exposición en ambos procedimientos quedó reducido a pocos segundos.

PRIMERAS CÁMARAS CON PAPEL EMULSIONADO

En 1851 el escultor y fotógrafo aficionado británico Frederick Scott Archer introdujo planchas de cristal húmedas al utilizar colodión en lugar de albúmina como material de recubrimiento para aglutinar los compuestos sensibles a la luz. Como estos negativos debían ser expuestos y revelados mientras estaban húmedos, los fotógrafos necesitaban un cuarto oscuro cercano para preparar las planchas antes de la exposición, y revelarlas inmediatamente después de ella. Los fotógrafos que trabajaban con el estadounidense Mathew Brady realizaron miles de fotos de los campos de batalla durante la Guerra de la Independencia estadounidense y para ello utilizaron negativos de colodión húmedos y carromatos a modo de cámara oscura.

Puesto que el procedimiento del colodión húmedo estaba casi limitado a la fotografía profesional, varios investigadores trataron de perfeccionar un tipo de negativo que pudiera exponerse seco y que no necesitara ser revelado inmediatamente después de su exposición. El avance se debió al químico británico Joseph Wilson Swan, quien observó que el calor incrementaba la sensibilidad de la emulsión de bromuro de plata. Este proceso, que fue patentado en 1871, también secaba las planchas, lo que las hacía más manejables. En 1878 el fotógrafo británico Charles E. Bennett inventó una plancha seca recubierta con una emulsión de gelatina y de bromuro de plata, similar a las modernas. Al año siguiente, Swan patentó el papel seco de bromuro.

Mientras estos experimentos se iban sucediendo para aumentar la eficacia de la fotografía en blanco y negro, se realizaron esfuerzos preliminares para conseguir imágenes de objetos en color natural, para lo que se utilizaban planchas recubiertas de emulsiones. En 1861, el físico británico James Clerk Maxwell obtuvo con éxito la primera fotografía en color mediante el procedimiento aditivo de color.

Alrededor de 1884 el inventor estadounidense George Eastman patentó una película que consistía en una larga tira de papel recubierta con una emulsión sensible. En 1889 realizó la primera película flexible y transparente en forma de tiras de nitrato de celulosa. El invento de la película en rollo marcó el final de la era fotográfica primitiva y el principio de un período durante el cual miles de fotógrafos aficionados se interesarían por el nuevo sistema.

Siglo xx

A comienzos del siglo xx la fotografía comercial creció con rapidez y las mejoras del blanco y negro abrieron camino a todos aquellos que carecían del tiempo y la habilidad para los tan complicados procedimientos del siglo anterior. En 1907 se pusieron a disposición del público en general los primeros materiales comerciales de película en color, unas placas de cristal llamadas Autochromes Lumière en honor a sus creadores, los franceses Auguste y Louis Lumière. En esta época, las fotografías en color se tomaban con cámaras de tres exposiciones.

En la década siguiente, el perfeccionamiento de los sistemas fotomecánicos utilizados en la imprenta generó una gran demanda de fotógrafos para ilustrar textos en periódicos y revistas. Esta demanda creó un nuevo campo comercial: la fotografía publicitaria.

Los avances tecnológicos, que simplificaban materiales y aparatos fotográficos, contribuyeron a la proliferación de la fotografía como un entretenimiento o dedicación profesional para un gran número de personas.

La cámara de 35 mm, que requería película pequeña y que estaba, en un principio, diseñada para el cine, se introdujo en Alemania en 1925. Gracias a su pequeño tamaño y a su bajo costo se hizo popular entre los fotógrafos profesionales y los aficionados. Durante este período, los primeros equipos utilizaban polvos finos de magnesio como fuente de luz artificial. A partir de 1930, la lámpara de flash sustituyó al polvo de magnesio como fuente de luz.

Con la aparición de la película de color Kodachrome en 1935 y la de Agfacolor en 1936, con las que se conseguían trasparencias o diapositivas en color, se generalizó el uso de la película en color. La película Kodacolor, introducida en 1941, contribuyó a dar impulso a la masificación de la fotografía.

Muchas innovaciones fotográficas, que aparecieron para su empleo en el campo militar durante la Segunda Guerra Mundial, fueron puestas a disposición del público en general al final de la guerra. Entre éstas figuran nuevos productos químicos para el revelado y fijado de la película.

El perfeccionamiento de los ordenadores facilitó, en gran medida, la resolución de problemas matemáticos en el diseño de las lentes. Aparecieron en el mercado muchas nuevas lentes para las cámaras de aquella época, como las de tipo intercambiable. En 1947, la cámara Polaroid Land, basada en el sistema fotográfico descubierto por el físico estadounidense Edwin Herbert Land, añadió a la fotografía de aficionados el atractivo de conseguir fotos totalmente reveladas pocos minutos después de haberlas tomado.

En el decenio siguiente los nuevos procedimientos industriales permitieron incrementar enormemente la velocidad y la sensibilidad a la luz de las películas en color y en blanco y negro. La velocidad de estas últimas se elevó desde un máximo de 100 iso hasta otro teórico de 5.000 iso, mientras que en las de color se multiplicó por diez.

Esta década quedó también marcada por la introducción de dispositivos electrónicos, llamados amplificadores de luz, que intensificaban la luz débil y hacían posible registrar incluso la tenue luz procedente de estrellas muy lejanas. Dichos avances en los dispositivos mecánicos consiguieron elevar sistemáticamente el nivel técnico de la fotografía para aficionados y profesionales.

En la década de 1960 se introdujo la película Itek RS, que permitía utilizar productos químicos más baratos, como el zinc, el sulfuro de cadmio y el óxido de titanio, en lugar de los caros compuestos de plata. La nueva técnica llamada fotopolimerización hizo posible la producción de copias por contacto sobre papel normal no sensibilizado.

Documentación social

En lugar de captar la vida en otras partes del mundo, algunos fotógrafos del siglo xix se limitaron a documentar las condiciones de su propio entorno. De esta manera, el fotógrafo británico John Thomson plasmó la vida cotidiana de la clase trabajadora londinense alrededor de 1870 en un volumen de fotos titulado *Vida en las calles de Londres* (1877).

El reportero estadounidense de origen danés Jacob August Riis realizó de 1887 a 1892 una serie de fotografías de los barrios bajos de Nueva York, recogidas en dos volúmenes fotográficos: *Cómo vive la otra mitad* (1890) e *Hijos de la pobreza* (1892).

Entre 1905 y 1910 Lewis Wickes Hine, sociólogo estadounidense responsable de las leyes laborales para niños, captó también en sus fotos a los oprimidos de los Estados Unidos: trabajadores de las industrias siderometalúrgicas, mineros, inmigrantes europeos y, en especial, trabajadores infantiles. En Brasil, Marc Ferrez plasmó en sus fotografías la vida rural y las pequeñas comunidades indias.

En Perú, el fotógrafo Martín Chambi recoge en su obra un retrato de la sociedad de su país y en especial de los pueblos indígenas.

Durante la Gran Depresión, la Farm Security Administration (USA) contrató a un grupo de fotógrafos para documentar aquellas zonas de Estados Unidos más duramente castigadas por la catástrofe. Los fotógrafos Walker Evans, Russell Lee, Dorothea Lange, Ben Shahn y Arthur Rothstein, entre otros, proporcionaron testimonios gráficos sobre las condiciones de las zonas rurales afectadas por la pobreza. El resultado fue una serie de fotografías de trabajadores emigrantes y de sus casas, colegios, iglesias y pertenencias.

La contribución de Evans, junto con el texto del escritor James Agee, fueron publicados separadamente bajo el título *Elogiemos ahora a hombres famosos* (1941), considerado como un clásico en su campo.

El relato gráfico

El periodismo gráfico difiere de cualquier otra tarea fotográfica documental en que su propósito es contar una historia concreta en términos visuales.

Uno de los primeros en hacerlo fue el periodista o reportero gráfico francés Henri Cartier-Bresson, quien desde 1930 se dedicó a documentar lo que él llamaba el "instante decisivo". Sostenía que la dinámica de cualquier situación dada alcanza en algún momento su punto álgido, instante que se corresponde con la imagen más significativa.

Cartier-Bresson, maestro en esta técnica, poseía la sensibilidad para apretar el disparador en el momento oportuno. Los avances tecnológicos de la década de los treinta, en concreto las mejoras en las cámaras pequeñas como la Leica, así como en la sensibilidad de la película, facilitaron aquella técnica instantánea. Muchas de las imágenes de Cartier-Bresson tienen tanta fuerza en su concepción como en lo que transmiten, y son consideradas a la vez trabajo artístico, documental y periodismo gráfico.

Brassaï, otro periodista gráfico francés nacido en Hungría, se dedicó a captar los efímeros momentos expresivos, que en su caso mostraban el lado más provocativo de la noche parisina. Sus fotos se recopilaron y publicaron en *París de noche* (1933).

El corresponsal de guerra estadounidense Robert Capa comenzó su carrera con fotografías de la Guerra Civil española; al igual que Cartier-Bresson, plasmó tanto escenas bélicas como la situación de la población civil.

Su fotografía de un miliciano herido dio la vuelta al mundo como testimonio del horror de la guerra. Capa también cubrió el desembarco de las tropas estadounidenses en Europa el Día D durante la Segunda Guerra Mundial y la Guerra de Indochina, donde halló la muerte en 1954. Otra fotógrafa, la italiana Tina Modotti, también estuvo en España durante la Guerra Civil como miembro del Socorro Rojo.

Asimismo, el español Agustín Centelles realizó una importante labor documental durante la guerra, tomando fotografías tanto del frente como de la retaguardia, entre ellas las de los bombardeos de la población civil. En México, Agustín Víctor Casasola recogió en su obra conmovedoras imágenes de la Revolución Mexicana y de Pancho Villa.

Más recientemente, el fotógrafo británico Donald Mc Cullin ha realizado unos trabajos en los que recoge imágenes de los efectos devastadores de la guerra, que se recopilaron en dos volúmenes bajo los títulos *La destrucción de los negocios* (1971) y *¿Hay alguien que se dé cuenta?* (1973).

Objetivos (Lentes)

El objetivo es el elemento de primer contacto con la luz en una cámara, y debido a que para formar la imagen la luz debe atravesarlo, a mayor calidad del objetivo, mayor será la resolución de la imagen.

Existen diversas calidades y modelos de objetivos, para distintas situaciones y necesidades.

Antes de describirlos, definamos algunos conceptos que serán de suma utilidad más adelante.

La distancia focal se mide en milímetros, y es definida como la distancia desde el lente hasta donde los rayos de luz paralelos se concentran en un punto (divergencia). Esto se traduce en la porción de la escena que se incluirá en cada encuadre.

A mayor distancia focal, mayor será el campo visual de la foto.

El campo visual del ojo humano es de 46°, lo cual equivale aproximadamente a un lente de 50 mm.

Los lentes se clasifican según su longitud focal de la siguiente manera.

< 20 mm	Super gran angular
24 mm - 35 mm	Gran angular
50 mm	Normal, similar a la visión humana (46°)
80 mm - 300 mm	Teleobjetivo
> 300 mm	Super Teleobjetivo

Los objetivos se dividen en "fijos" y "zoom", permitiendo estos últimos modificar la distancia focal desde el mínimo hasta el máximo, y multiplicar el tamaño de los objetos en la escena. Se utiliza una x y un número para determinar la cantidad de veces que permitirá ampliar los objetos; por ejemplo, un zoom 2x permitirá aumentar al doble.

La cantidad de luz que puede admitir una lente aumenta con su diámetro. Por ejemplo, la imagen producida por una lente de 3 cm de diámetro y una distancia focal de 20 cm sería cuatro veces menos luminosa que la formada por una lente del mismo diámetro con una distancia focal de 10 cm. La relación entre la distancia focal y el diámetro efectivo de una lente es su relación focal, llamada también número f (véase Apertura en APÉNDICE).

Su inversa se conoce como abertura relativa. Dos lentes con la misma abertura relativa tienen la misma luminosidad, independientemente de sus diámetros y distancias focales.

Campo visual

El siguiente diagrama ilustra los distintos campos visuales y su relación con las longitudes focales, desde 16 hasta 400 mm.

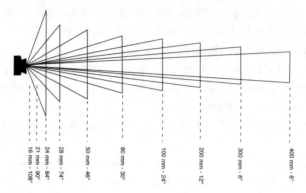

LAS PELÍCULAS

La película es un elemento clave en la fotografía tradicional, ya que el modelo utilizado determinará como resultado fotos con distinta definición, calidad, nivel de grano, etc.

Existen en el mercado una infinidad de marcas y modelos de películas con características propias, las cuales es bueno conocer para poder elegir la mejor opción para cada ocasión.

El primer paso a la hora de comprar una película será elegir el formato adecuado para la cámara a utilizar. Normalmente es la película de paso universal o también llamada 35 mm, que se utiliza en la mayoría de las cámaras reflex, aunque también existen en el mercado las de 120 mm, 9x12, 10x15, 13x18, 20x25. Estas últimas películas se encuentran disponibles sólo en establecimientos especializados.

El siguiente punto a tener en cuenta es la sensibilidad, medida en normas ASA (American Standards Association) o en el sistema DIN (Europeo) y que actualmente se conoce como ISO (International Standards Organization).

El nivel de ASA nos indica la sensibilidad o "rapidez" de la película. Cuanto más ASA utilicemos obtendremos una velocidad más alta, pero con una pérdida de calidad de la imagen provocada por el grano de la película.

Factor	ASA	Velocidad	Diafragma
–	50	1/30	f/8
0	100	1/60	f/8
x2	200	1/125	f/8
x4	400	1/250	f/8

Las películas suelen tener valores de ASA en un rango de 25 a 3.200, aunque estos valores son relativos y pueden ser forzados en el revelado para lograr efectos muy interesantes.

ASA	Tipo de película	Grano de la emulsión
64 o inferior	Lentas	Fino
100-400	Normal	Normal
800 o superior	Alta	Grande

Guía de películas negativos de 35 mm

Marca	Exposiciones	Sensibilidad	Utilidad
Kodacolor	24/36	Película 100 ISO	Aficionado
Kodak Gold	12/24/36	Película 100, 200, 400 ISO	Aficionado
Kodak Gold Zoom	24/36	Película 800 ISO	Para poca luz
Kodak Royal Gold	36	Película 100, 200, 400 ISO	
Kodak Royal Gold	36	Película 1000, ISO	Para poca luz
Kodak Ektacolor Pro-Gold	36	Película 1000, ISO	Profesional
Kodak PJ	36	Película 100, 400, 800 ISO	Profesional
Kodak Portra NC	36 - Rollo 30 metros	Película 160, 400 ISO	Profesional
Kodak Portra VC	36	Película 160, 400 ISO	Profesional

Marca	Exposiciones	Sensibilidad	Utilidad
Fuji Superia	12/24/36	Película 100, 200, 400 ISO	Aficionado
Fuji Superia 800	36	Película 800 ISO	Para poca luz
Fujicolor SuperHG	36	Película 1600 ISO	Para poca luz
Fuji Reala	24/36	Película 100 ISO	Semi Profesional
Fuji NPH-400	36	Película 400 ISO	Profesional
Fuji NPS	36	Película 160 ISO	Profesional
Fuji IT-N Internegativa	Rollo 30 m		Para luz de Tungsteno

Marca	Exposiciones	Sensibilidad	Utilidad
Agfacolor Ultra	24/36	Película 50 ISO	Alta resolución
Agfacolor Optima II	24/36	Película 100, 200	Aficionado
Agfacolor Optima II	Prestige36	Película 400 ISO	Para poca luz
Agfacolor Portrait	24/36	Película 160 ISO	Semi-Profesional

Sistemas digitales

La palabra "digital" describe cualquier sistema basado en datos discontinuos o "eventos" con representaciones binarias, llamadas "bits".

Las computadoras son máquinas digitales porque al nivel más básico sólo pueden distinguir dos valores: "0" y "1", "si" o "no", "prendido" o "apagado".

Toda la información que una computadora procesa debe ser codificada digitalmente, con "unos y ceros".

Lo opuesto a digital se denomina "analógico". Un dispositivo analógico típico podría ser un reloj cuyas agujas giran continuamente, indicando cada posible hora del día. En contraste, un reloj digital es capaz de representar sólo un número limitado de horas, por ejemplo cada décima de segundo.

En general, los humanos experimentamos el mundo "analógicamente". La visión, por ejemplo, es una experiencia analógica porque nos permite percibir millones de diferentes niveles de tonos y colores. Si tuviéramos visión digital, nuestra capacidad de distinguir colores estaría limitada a la cantidad de muestras por segundo que se pudieran procesar, reduciendo probablemente la nitidez y la definición.

La mayoría de los eventos analógicos pueden ser simulados digitalmente. Las fotografías de los diarios, por ejemplo, consisten en una grilla de puntos con distintos valores de negro.

Si bien la información que manejan las computadoras se resume a 1 y 0, es posible representar números, operaciones matemáticas, gráficos, audio y mucho más, a través de un ingenioso sistema de codificación basado en un tipo de razonamiento llamado "lógica booleana" (en homenaje al matemático ingles George Boole), que permite establecer un sistema de flujo de información basado en dos posibles estados. De este modo, todas las "palabras" o "bits" se representan con números binarios, donde cada incremento a la derecha no representa decenas (como en nuestro sistema decimal) sino una potencia de 2.

BINARIO	DECIMAL
$00000001 = 2^1$	2
$00000010 = 2^2$	4
$00000100 = 2^3$	8
$00001000 = 2^4$	16
$00010000 = 2^5$	32
$00100000 = 2^6$	64
$01000000 = 2^7$	128
$10000000 = 2^8$	256

Como vemos, con una palabra binaria de 8 posibles valores de 1 o 0, podemos representar 256 valores decimales.

Pixel

Acrónimo de "Picture element", el pixel es la mínima expresión de las representaciones gráficas digitales.

Los monitores de computadoras proyectan imágenes en la pantalla a través de la división de miles (o millones) de pixels, ordenados en filas y columnas. Los pixels se encuentran tan juntos entre sí que dan la sensación de estar conectados.

El número de bits (palabras digitales) utilizados para representar cada pixel determinará los niveles de color posibles. Por ejemplo, en el modo 8-bit, el monitor utiliza 2 a la 8 (256) posibles valores de gris.

En los monitores color, cada pixel es en realidad la suma de tres pequeños puntos –rojo, verde y azul– que convergen en un mismo punto (cuando esta convergencia no está ajustada, se producen distorsiones de color). El modo TRUE COLOR que trabaja a 24 bits, es capaz de representar más de 16 millones de colores diferentes.

La calidad de un sistema de pantalla digital depende de la llamada "resolución", o cuántos pixels puede mostrar al mismo tiempo. Los sistemas VGA muestran una grilla de 640 x 480 o alrededor de 300.000 pixels, mientras que el modo SVGA tiene capacidad para 1024 x 768, cerca de 800.000 pixels.

Resolución	Número de pixels	Proporción de imagen
320 x 200	64.000	8:5
640 x 480	307.200	4:3
800 x 600	480.000	4:3
1024 x 768	786.432	4:3
1280 x 1024	1.310.720	5:4
1600 x 1200	1.920.000	4:3

Profundidad de color	Colores posibles	Bytes por pixel	Sistema
4-Bit	16	0.5	Standard VGA
8-Bit	256	1.0	256-Color Mode
16-Bit	65.536	2.0	High Color
24-Bit	16.777.216	3.0	True Color

Capítulo II
Digicámaras

FOTOGRAFÍA DIGITAL

En las etapas preliminares del desarrollo de las tecnologías de fotografía digital circulaba la teoría que afirmaba que para los fotógrafos sería exactamente lo mismo obtener imágenes capturadas en película o en un chip de silicio. Lo que cuenta es el resultado –se decía–, aquello que percibimos visualmente como foto.

Y en realidad, luego de unos años de grandes avances, no siempre es sencillo reconocer si una fotografía "terminada" fue producida por el método clásico que involucra papel emulsionado y procesos químicos o si es un resultado puramente digital, donde la luz se convirtió en datos sin pasar nunca por un laboratorio.

Sin embargo, la fotografía digital no siempre gozó de buena prensa, de hecho en sus comienzos fue acusada de serias deficiencias.

Una breve historia

La comunidad de fotógrafos se entusiasmó sobremanera cuando el prototipo de la primera cámara "sin película" fue presentada al público, allá por los comienzos de los ochentas: la Mavica (MAgnetic VIdeo CAmera) de SONY prometía a los fotógrafos un futuro sin películas ni laboratorios donde procesarlas, donde los discos magnéticos podrían ser reutilizados infinitamente y las imágenes podrían pasar de las cámaras a las impresoras sin escalas.

La euforia duró poco, no sólo por el hecho de que faltaban años antes de que las primeras "video cámaras" estuvieran disponibles en los mercados de consumo masivo, sino por los exhorbitantes precios de los primeros equipos: aquellas cámaras podían llegar a costar miles de dólares a principio de los 90s y cualquiera que quisiera no sólo ver las fotos tomadas en un aparato de televisión sino transferirlas a su computadora personal debía desembolsar otro tanto en tarjetas de conexión.

A pesar de que esta "generación primitiva" de cámaras electrónicas no eran todavía "digitales" (trabajan con el concepto de cámaras de video) la calidad de imagen era relativamente buena. Sin embargo, todavía estaban muy lejos de reemplazar a la calidad producida por películas de 35 mm, motivo por el cual muchos expertos opinaban que la grabación electrónica de imágenes tenía poco futuro.

Cuando las primeras cámaras realmente "digitales" (la "Logi Fotoman") fueron presentadas en 1992, parecía que aquellos oscuros pronósticos se confirmaban: por el precio de 2.000 dólares aquel dispositivo ofrecía una resolución de 376 x 284 pixels, con imágenes sólo en blanco y negro y con una funcionalidad no superior a las más baratas Instamatic descartables que utilizan los turistas de fin de semana.

Luego de un período de casi de diez años de progresos, los fabricantes entendieron que el desafío no era imitar a las cámaras de 35 mm cuya popularidad y bajo costo eran imposibles de superar, sino que la apuesta era ofrecer beneficios adicionales y un rango de elementos diferenciales que harían de la fotografía digital una actividad complementaria y no una cara sustitución de lo existente.

¿Cuáles son esos beneficios adicionales? En principio, ya no son necesarios las películas ni proceso de ningún tipo.

La imágenes están disponibles instantáneamente y se pueden editar y utilizar en una computadora, imprimir, enviar por e-mail a cualquier parte del mundo en pocos minutos, etc.

Comparadas con las cámaras convencionales, las modernas cámaras digitales ofrecen funciones adicionales tales como grabación de audio y video, etiquetado automático de las imágenes, efectos especiales, entre otras.

Las fotos que salen mal pueden ser borradas o pasadas a una computadora para su retoque posterior, y luego almacenadas en CD, el medio de almacenamiento digital más económico del mercado.

Muchas cámaras digitales permiten tomas con macro a una distancia de pocos centímetros, algo no común en los equipos de 35 mm.

Esto las hace populares entre coleccionistas de objetos pequeños (monedas, estampillas, etc.), ya que permite clasificar y fotografiar largas colecciones a muy bajo costo.

Esta lista de beneficios podría continuar y en la medida que los nuevos modelos incorporan mejoras, aumentan sus resoluciones y bajan sus costos, las perspectivas de la fotografía digital mejoran.

Intentaremos en este capítulo analizar detalladamente el funcionamiento de esta tecnología, las fortalezas y debilidades de las cámaras, brindándole al lector una inmejorable posición para interpretar características técnicas de distintos modelos disponibles en el mercado.

LA CÁMARA Y SU CONFIGURACIÓN

Al adquirir un equipo de estas características es necesario controlar todos los accesorios que necesitaremos para su correcto funcionamiento. En el caso de la cámara utilizada como ejemplo (OLYMPUS CAMEDIA 2500L), los accesorios son los siguientes:

- Cámara
- Tapa de lente
- Correas
- Baterías de lithio
- Control remoto

- Cables de video (para conexión a TV/VIDEO)
- Cable serial RS 232 (para conexión a computadora IBM / Windows® o compatible)
- Cable DIN 8 optativo (para conexión a computadora Macintosh®)
- Manual de instrucciones
- CD-rom con software y drivers.

Estos accesorios pueden variar según la marca y modelo del equipo, pero son representativos de los casos más habituales.

Además, pueden incorporarse los siguientes accesorios optativos:
- Cargador de baterías niquel-cadmio
- Trípode
- Tarjetas de memoria
- Impresora térmica de papel fotográfico.

PARTES Y NOMBRES DE UNA CÁMARA DIGITAL

Clasificación de las cámaras

Profesionales de Gran Formato
Ventajas:
- Máxima versatilidad
- Máxima nitidez en grandes ampliaciones
- Gran tamaño de negativo que permite grandes ampliaciones
- Máximo control de perspectiva y profundidad de campo.

Inconvenientes:
- Aparatos muy pesados e incómodos
- Se pueden utilizar sólo con trípode robusto
- Imposibilidad de trabajar con manos libres
- Precios muy elevados.

Las Binoculares de 6 x 6
Ventajas:
- Formato de negativo excelente para ampliaciones
- Muy silencioso.

Inconvenientes:
- Error de paralelaje (visor directo)
- Peso excesivo
- Formato de negativo cuadrado. No compatible con el papel fotográfico.

Las Reflex de 6 x 6
Ventajas:
- Visión reflex de un sólo objetivo
- Posibilidad de intercambiar el objetivo.

Inconvenientes:
- Pesadas
- Alto costo de los objetivos
- Dificultad de toma a mano alzada
- Complejas en su uso.

Cámaras 110 mm
Ventajas:
- Peso y tamaño reducidos
- Bajo costo
- Máxima facilidad de uso.

Inconvenientes:
- Imposibilidad de intercambiar el objetivo
- No son buenas para hacer grandes ampliaciones.

Cámaras Compactas de 35 mm. No Reflex.
Ventajas:
- Tamaño y peso reducidos
- Modelos casi totalmente automáticos
- Utiliza películas de 35 mm
- Precios muy convenientes.

Inconvenientes:
- Baja calidad óptica
- Imposibilidad de cambiar el objetivo
- Error de paralelaje.

La Reflex de 35 mm

Ventajas:
- Peso y tamaño reducidos
- Posibilidad de intercambio de objetivos
- Exposímetro incorporado a través del objetivo
- Modelos manuales, semiautomáticos y automáticos
- Gran cantidad de accesorios disponibles.

Inconvenientes:
- Sincronismo del flash en 60 o 125
- Alto costo de los objetivos.

Cámaras Digitales

Ventajas:
- No necesitan película ni revelado
- Edición y retoque inmediatos
- Gran cantidad de accesorios disponibles.

Inconvenientes:
- Alto costo en equipos profesionales
- Bajo rango dinámico de luz en equipos intermedios
- Distorsiones y aberraciones producidas por sensores de baja resolución.

Esquema de una cámara digital

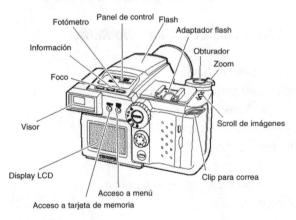

Fotómetro   Panel de control   Flash
Adaptador flash
Información   Obturador
Zoom
Foco
Visor   Scroll de imágenes
Display LCD   Clip para correa
Acceso a menú
Acceso a tarjeta de memoria

Esquema de una cámara digital

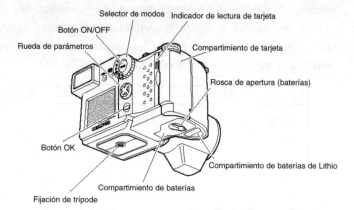

Selector de modos
Indicador de lectura de tarjeta
Botón ON/OFF
Rueda de parámetros
Compartimiento de tarjeta
Rosca de apertura (baterías)
Botón OK
Compartimiento de baterías de Lithio
Compartimiento de baterías
Fijación de trípode

Panel de control

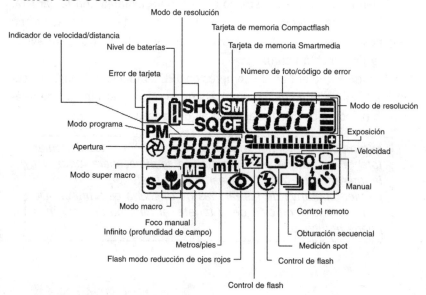

Modo de resolución
Tarjeta de memoria Compactflash
Indicador de velocidad/distancia
Nivel de baterías
Tarjeta de memoria Smartmedia
Error de tarjeta
Número de foto/código de error
Modo programa
Modo de resolución
Apertura
Exposición
Modo super macro
Velocidad
Modo macro
Manual
Foco manual
Control remoto
Infinito (profundidad de campo)
Obturación secuencial
Metros/pies
Medición spot
Flash modo reducción de ojos rojos
Control de flash
Control de flash

¿CÓMO TOMAR IMÁGENES CON UNA CÁMARA DIGITAL?

Cuando encedemos la cámara, el número de imágenes disponibles para tomar aparecerá en el panel de control.

La cantidad dependerá de dos factores que varían según marca y modelo del equipo: la tarjeta de memoria y la resolución.

La siguiente tabla ilustra la cantidad de imágenes disponibles según variemos la resolución y el tipo de compresión (ejemplo válido cuando utilizamos una tarjeta de memoria de 32mb).

Resolución	Compresión	Pixels	Imágenes disponibles
SHQ*	TIFF	1712 x 1368	4
SHQ	JPEG	1712 x 1368	16
HQ**	JPEG	1712 x 1368	55
SQ***	JPEG	1712 x 1368	71
SQ	JPEG	640 x 512	199

* Super High Quality   ** High Quality   *** Standard Quality

Cuando ya no quede espacio en la tarjeta instalada en la cámara, una luz indicadora dentro del visor nos alertará de esta situación (en algunos modelos un "0" pardadea en el panel de control para avisar que la tarjeta está llena).

Debido a que el tipo de compresión JPEG reduce las imágenes según la cantidad de colores que haya en la misma, el número de imágenes disponibles puede variar en algunos casos.

> *Es una buena práctica ajustar la fecha y hora antes de tomar fotografías, ya que esta información se almacenará junto con la imagen, y permitirá su clasificación posterior.*
> *La vida operativa de las tarjetas de memoria es limitada. De acuerdo a la condición de la tarjeta, el máximo de imágenes puede reducirse.*

Formas de tomar la cámara

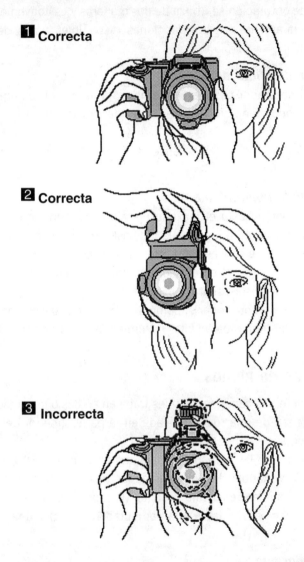

1 Correcta

2 Correcta

3 Incorrecta

Es importante mantener los dedos y/o la correa fuera del lente, flash o sensores.

El botón de obturación

El botón de obturación se utiliza de dos maneras y es conveniente discriminar claramente las dos funciones disponibles antes de tomar imágenes.

Presionando mitad de camino

Cuando el obturador es presionado hasta la mitad, el foco queda fijo (en el modo "medición puntual" lo que queda fijo es el nivel de exposición).

Una luz dentro del visor se encenderá cuando la cámara esté lista para tomar la foto.

Presionando completamente

Al llevar el botón hasta el máximo permitido, el obturador de la cámara se abre y permite ingresar la luz hasta el sensor CCD y la imagen es inmediatamente convertida a información digital.

La imagen aparecerá en el visor LCD y durante este tiempo, una luz verde dentro del visor titilará.

Se recomienda presionar el botón de obturación suavemente con la yema del dedo índice para evitar movimientos de la cámara.

Selección de modos

Generalmente, las cámaras digitales trabajan en dos o más modos que se seleccionan de una rueda ubicada en la parte superior del equipo (la misma que permite el encendido).

La mayoría de las cámaras trabaja con tres modos: Programa (P), Apertura (A) y Manual (M). Además de los tres programas, las ruedas de selección suelen tener una posición de reproducción de imágenes (PLAY), una para enviar fotos a la computadora (SEND) y una posición de impresión (PRINT).

Modo Programa

La apertura y la velocidad son ajustadas automáticamente por la cámara.

Todo lo que deberá hacer es enfocar nítidamente al sujeto. Ideal para imágenes rápidas y ocasionales.

Modo Apertura

Este modo es semiautomático. Permite que usted cambie la apertura mientras que la velocidad es ajustada por la cámara.

Cambiando la apertura, usted podrá modificar el modo en que el fondo de sus imágenes aparecerá.

Por ejemplo, el fondo puede quedar borroso para un retrato o nítido para un grupo de personas paradas frente a un paisaje.

Modo Manual

En este modo, tanto la apertura como la velocidad son ajustadas por el usuario según las necesidades.

Modo ideal para ser creativo y experimentar con distintas variantes.

Selección de foco y autofoco fijo

A pesar de que los sistemas de autofoco pueden ajustarse a cualquier objeto de la escena a fotografiar, en algunas ocasiones conflictivas es conveniente entender las limitaciones del mismo para evitar ciertos efectos indeseados, como zonas borrosas o movidas.

En tales casos, una luz dentro del visor avisará que la imagen está fuera de foco y lo recomendable será hacer foco manual.

Aquí le ofrecemos algunos ejemplos de situaciones conflictivas y sus respectivas soluciones:

- **Sujetos de bajo contraste**
  Primero apunte la cámara hacia un objeto de contraste reconocible que esté a la misma distancia del sujeto a fotografiar y presione hasta la mitad el botón obturador (esto dejará el foco en posición fija), luego apunte al sujeto deseado y tome la fotografía.
- **Sujetos inmersos en luz muy brillante**
  Proceda como en el ejemplo anterior.
- **Sujetos detrás de líneas verticales**
  Mantenga la cámara vertical y fije el foco (botón hasta la mitad), luego lleve la cámara a posición horizontal y tome la foto.
- **Objetos que se mueven rápidamente**
  Antes de tomar la foto, fije el foco en algún objeto que esté a la misma distancia que el que desea fotografiar, luego apunte la cá-

mara al sujeto móvil y tome la fotografía (la nitidez del sujeto también dependerá de la velocidad utilizada).

Utilización del zoom

Mientras mira por el visor de la cámara es posible acercarse o alejarse de los objetos a través del zoom, que se opera con un selector (llamado "lever"). El mismo permite incrementar o disminuir el nivel de magnificación de la imagen.

En algunos equipos, el lever puede llevarse hacia dos posiciones: W (gran angular) y T (telefoto).

El zoom modifica el punto focal moviendo los lentes de cristal del interior del equipo. Los niveles de magnificación varían según las cámaras y se miden en "x" niveles de zoom. Una cámara con zoom 3x puede magnificar tres veces la imagen captada.

El flash: modos y utilización

Para las escenas donde la luz es pobre es necesario una iluminación auxiliar que será provista por el FLASH de la cámara.

Ciertas cámaras poseen funciones como "efecto de sincronización de flash" que permite disparar el flash al final o al principio de una toma de baja velocidad para permitir que la luz ilumine correctamente áreas en movimiento.

Cuando el flash es necesario (baja cantidad de luz) la cámara avisará dentro del visor al presionar el obturador.

En este caso debemos activar el flash. En algunos equipos, el flash es rebatible y al activarse tomará la posición necesaria.

Luego de unos segundos en que el flash se carga, la cámara indicará a través del visor que ya puede tomarse la foto.

Es importante recordar que la luz del flash tiene un rango de iluminación limitado, que dependerá del tipo de zoom (WIDE o TELE) y de la sensibilidad ISO que estemos utilizando.

La siguiente tabla muestra el rango activo del flash según la sensibilidad ISO y el tipo de zoom.

ISO	WIDE	TELE
100	0.3 ~ 3.6 m	0.3 ~ 2.5 m
200	0.9 ~ 5.1 m	0.6 ~ 3.5 m
400	1.2 ~ 7.2 m	0.8 ~ 5.0 m

Ciertos equipos poseen varios modos de flash. Algunas cámaras profesionales ofrecen 4 modos: AUTO-FLASH, RER, FILL-IN y OFF.

Auto-Flash

Automáticamente se dispara en condiciones de baja luz o intermitencia.

R-E-R (Red-Eye Reducing Flash)

Este modo se utiliza para eliminar significativamente el efecto de "ojos rojos" (producido por la luz artifical que rebota en la retina y resalta la circulación de la sangre por los ojos).

Fill-In Flash mode

Se dispara sin importar las condiciones de iluminación.

OFF mode

El flash no dispara.

Control remoto y temporizador

La mayoría de las cámaras digitales poseen dos funciones de extrema utilidad que permiten operar el equipo a distancia: el control remoto y el temporizador (self-timer).

Las operaciones que se pueden realizar de modo remoto dependen del modelo de cámara, aunque generalmente el dispositivo de control remoto permite disparar a distancia el obturador y/o el flash.

Con respecto al temporizador, el mismo es útil para tomar fotografías a intervalos regulares (modo secuencial) o para disparar el equipo sin necesidad de presionar el obturador.

El control de tiempo se realiza desde el panel de control de la cámara, estableciendo el tiempo en segundos y la cantidad de disparos. La mayoría de las cámaras posee un indicador en el frente para avisar que la cámara está por dispararse.

Viendo las fotografías tomadas

Uno de los mayores atractivos de la fotografía digital es la instantaneidad de los resultados, la posibilidad de ver, editar y corregir al momento.

Cuando tomamos fotos, las mismas son convertidas en información digital que se almacena en las tarjetas de memoria de la cámara. En cualquier momento podemos pasar la cámara al modo "PLAY" y ver las imágenes realizadas. La mayoría de las digicámaras están equipadas con un visor LCD en la parte posterior, donde podremos ver en modo secuencial o por índice las imágenes, así como información de resolución, tamaño y fecha de cada una.

Una vez consultadas las imágenes, el sistema de la cámara permitirá realizar funciones como borrado, edición, protección, etc.

El display LCD presenta un menú de opciones que se opera generalmente a través de botones (< >) que permiten "navegar" las distintas opciones.

FUNCIONES DE LA PANTALLA LCD

Las cámaras digitales, especialmente las del espectro profesional, presentan un sistema de operación por menús muy sencillo e intuitivo que se asemeja a las interfases de usuario de las computadoras y de algunas cámaras de video.

La forma de acceder a los menús es llevando la cámara al modo "PLAY", de manera de que la pantalla de LCD posterior se active. En la misma aparecerán distintas opciones según el modelo de cámara.

Algunas de las operaciones que se pueden realizar a través de la pantalla LCD:

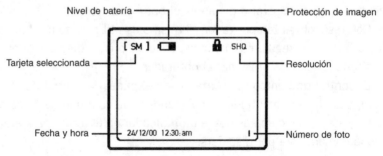

Obtener información sobre:

- número de foto (P. ej: 45 / 99, es decir la foto 45 de un total de 99);
- tamaño en pixels (P. ej: 1024 x 768);
- tamaño en bytes (P. ej: 96 Kb);
- resolución (P. ej: SHQ);
- fecha de la toma (P. ej: 24/12/00);
- hora de la toma (P. ej: 12 AM);
- apertura (P. ej: f 5.6);
- velocidad (P. ej: 1/250);
- compensación de exposición (P. ej: +2);
- formato (P. ej: JPG, TIFF);
- balance de blanco (P. ej.: 4500 K);
- sensibilidad (P. ej: ISO 200);
- protección (si aparece un candado junto a la imagen, esta no puede ser borrada de la memoria);
- tipo de tarjeta utilizada (SmartMedia o CompactFlash);
- capacidad de la tarjeta de memoria;
- estado de las baterías.

Operaciones que se pueden realizar:

- borrado de una imagen (con confirmación previa de seguridad);
- borrado de todas las imágenes (con confirmación previa de seguridad);
- copiado de imágenes entre tarjetas;
- selección de resolución;
- selección de sensibilidad ISO;
- selección de formato;
- selección de flash incorporado o externo;
- ajuste de balance de blanco;
- visión de imágenes en un televisor (requiere conectar la cámara a un televisor a través de un cable opcional);
- bajada de las imágenes a computadora (requiere conectar la cámara a una PC a través de un cable opcional y la instalación de software especial en la PC);
- impresión de imágenes (permite enviar fotos a una impresora, a través de un cable opcional);

- enviar imágenes por e-mail (requiere que la cámara esté conectada, a través de modem opcional, a internet);
- efectos especiales (algunas cámaras permiten aplicar efectos antes de enviar las fotos a una PC);
- ajuste de contraste de la pantalla LCD;
- ajuste de sonido (algunas cámaras emulan el sonido de obturación de las cámaras reflex manuales);
- ajuste de temporizador (ej: 5 seg.).

ALMACENAMIENTO DE IMÁGENES

Una de las diferencias más claras entre las cámaras digitales y las reflex tradicionales es la no utilización de película por parte de las primeras.

Existen cinco modos de almacenamiento de imágenes: Memoria interna, Tarjetas de memoria intercambiables, Tarjetas SmartMedia / CompactFlash, Tarjetas PCMCIA y Disquetes.

Memoria interna

La información es almacenada en la memoria interna de la cámara (similar a la memoria utilizada por las PC, de tipo RAM).

Este sistema se utiliza en equipos de bajo costo y permite almacenar una cantidad limitada de imágenes que deberán transferirse a una PC antes de seguir operando.

Tarjetas de memoria intercambiables

Las tarjetas de memoria (storage cards) son un sistema de almacenamiento más efectivo que la memoria interna ya que no limitan al usuario a una cantidad de fotos sino que permiten cargar imágenes hasta que la tarjeta se llena y luego ser sustituida por otra.

Estas tarjetas vienen en distintas capacidades y tamaños.

Tarjetas SmartMedia / CompactFlash

De formato extrachato y de bajo costo (comparadas con las CompactFlash), las tarjetas SmartMedia son una creación de Toshiba y se utilizan en equipos Agfa, Fuji, Olympus y Minolta.

Su capacidad máxima ronda los 32Mb.

Por otro lado, las tarjetas CompactFlash presentan mayor espesor y mayor capacidad que las anteriores (96 Mb). Estas tarjetas son compatibles con equipos Canon, Casio, Kodak y Hewlett-Packard.

Tarjetas PCMCIA

Se utilizan en equipos muy sofisticados y existen tres versiones. Los tipos I y II se denominan "flash memory card" y su capacidad promedia los 175 Mb.

El tipo III (también llamadas "hard disk card") llega hasta una capacidad de 1040 Mb.

Disquetes

Este sistema se popularizó con las primitivas cámaras digitales de SONY Mavica. Si bien permiten al usuario liberarse de la necesidad de conectar las cámaras a la PC, la capacidad de resolución y de cantidad de imágenes está limitada por la baja capacidad de los disquetes (1.4 Mb).

CONEXIÓN A COMPUTADORAS PERSONALES

Sin lugar a dudas, la potencia de la tecnología de la fotografía digital reside en la habilidad de transferir en segundos las imágenes tomadas a una PC, sin necesidad de revelado.

Para la conexión es necesario contar con una computadora personal y los cables incluidos en la caja del equipo, así como la instalación del software apropiado.

La conexión y las funciones dependerán del tipo de computadora utilizada.

PC compatible (IBM PC / AT compatible)

- CPU Windows 98: 486DX o superior, Min. 66 MHz
- Windows 95 / NT4.0: 486SX o superior, Min. 33MHz
- OS Windows 95/98/NT4.0
- Espacio en diso rígido min. 20 Mb
- Memoria RAM libre min. 16 Mb

- Windows NT4.0 min. 24 Mb
- Conector RS-232C interface DOS / Windows o conector D-SUB 9-pin
- Monitor min. 256 colores (32,000 colores recomendado) Apple Macintosh
- CPU 68040 o superior
- OS System 7.5 o superior
- Espacio en disco rígido min. 20 Mb
- Memoria min. 24 Mb
- Conector puerto serial, conector DIN 8-pin
- Monitor min. 256 colores

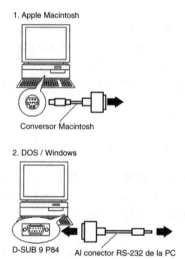

Transferencia de imágenes a la PC

Una vez colocado el correspondiente cable desde la cámara hacia su computadora, es necesario instalar una aplicación de software provista con el equipo en CD o disquete.

Estas son algunas de las operaciones más destacadas que podremos realizar desde la PC.

Transferencia de imágenes

Las fotos almacenadas en la cámara pasarán a la PC a través del puerto RS-232.

Además podremos agregar o quitar protección a una o más imágenes de la cámara, borrar una o más imágenes, ajustar fechas y horas, entre otras funciones.

Visor de imágenes

La aplicación que instalamos en la computadora permite ver las imágenes que se encuentran en la memoria de la cámara en forma de "contactos", es decir, una grilla de pequeñas fotos de 4 x 4 cm, de modo de seleccionar las imágenes deseadas para su posterior bajada a la PC.

Cambio de formato

Desde la aplicación también podremos rotar imágenes, cambiar su formato (JPG, TIFF, BMP, etc.) y/o el nombre.

Proceso básico de imágenes

El software provisto por la cámara permite realizar ciertas ediciones básicas en las imágenes que están en la memoria de la PC: rotación (90° en el sentido de las agujas del reloj, 90° contra el sentido de las agujas del reloj, 180°, ángulo libre), modificar el número de colores, cambio de tamaño, inserción de texto, y filtrado (brillo, contraste, balance de color, nitidez).

De todos modos es bueno aclarar que para una edición más detallada y profesional es conveniente utilizar aplicaciones específicas de retoque digital, como ADOBE PHOTOSHOP®.

Impresión

Si el usuario tiene una impresora conectada a la PC, podrá enviar imágenes desde la memoria de la cámara a la impresora en distintos modos: impresión individual, impresión con fecha y hora, impresión de "contacto", impresión layout (elección de 3, 4, 5 ó 6 imágenes).

Transferencia directa de imágenes vía adaptadores "PC Card"

Además de la transferencia realizada a través del puerto RS-232 de las PC, las cámaras digitales permiten bajar la información a computadoras de manera rápida y sencilla, utilizando adaptadores de tarjetas de memoria opcionales.

Aquí mostramos algunas de las variedades más populares.

Adaptador PC Card para SmartMedia

Los contenidos de la tarjeta SmartMedia pueden ser transferidos directamente a una computadora personal equipada con un puerto de conexión de tarjetas PCMCIA interno o un lector externo opcional PCMCIA, utilizando el adaptador PC Card para SmartMedia opcional.

Adaptador PC Card para CompactFlash

Los contenidos de la tarjeta CompactFlash pueden ser transferidos directamente a una computadora personal equipada con un puerto de conexión de tarjetas PCMCIA interno o un lector externo opcional PCMCIA, utilizando el adaptador PC Card para CompactFlash opcional.

Adaptador FlashPath / Floppydisk

Los contenidos de la tarjeta SmartMedia pueden ser transferidos directamente a una computadora personal equipada con una disquetera de 3.5" FDD, utilizando el adaptador FlashPath / Floppydisk opcional.

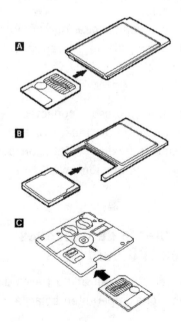

Capítulo III
Edición y retoque digital

PHOTOSHOP®, EDICIÓN Y RETOQUE DIGITAL

En el primer capítulo de este libro afirmábamos que la fotografía es "escribir con luz".

Es importante entender que en la fotografía digital la luz es rápidamente transformada en bits y, por lo tanto, todo lo que hagamos desde allí habrá que procesarlo como datos.

Es por eso que le dedicamos un capítulo a una de las aplicaciones de software más populares en el ámbito de la edición digital de imágenes: Adobe Photoshop®.

El programa, que ya va por su versión 7.0, es sin duda la herramienta complementaria ideal tanto de los profesionales como de los usuarios noveles.

Como cualquier editor de imágenes, Photoshop® permite alterar fotografías y material escaneado, retocar imágenes, aplicar efectos especiales, copiar y pegar contenidos de una imagen a otra, introducir textos y logotipos, ajustar niveles de color, etc.

Photoshop® también provee las herramientas necesarias para crear imágenes desde cero. Estas herramientas son compatibles con periféricos opcionales, como las tabletas sensitivas que reemplazan al mouse y se asemejan a las herramientas de dibujo tradicionales.

Existen dos clases de editores de imágenes: "los editores bitmap" y "los editores vectoriales". Photoshop® entra en la primera categoría. La palabra bitmap o "mapa de bits" hace referencia a la manera en que las imágenes son almacenadas en memoria, como una gran grilla en la que cada elemento (pixel) se enciende o se apaga. Cuando editamos una imagen bitmap, estamos alterando la información de cada pixel directamente, lo cual significa obtener resultados precisos. Una desventaja de este sistema es que al ampliar una imagen bitmap, los pixels se agrandan también perdiendo calidad de definición.

En el sistema vectorial (utilizado por aplicaciones como Adobe Illustrator®, entre otras), la información se almacena a través de objetos definidos por líneas manejadas por complejos algoritmos matemáticos. Si bien la edición es más complicada, la calidad de las imágenes no se altera al ampliar las mismas.

El propósito del siguiente análisis es entender el funcionamiento de las herramientas de Photoshop® y permitir a los usuarios familiarizarse con el entorno.

Cabe aclarar que todas las herramientas, paletas y menús se han explicado tomando la versión de Photoshop® 5.5 en español.

INTRODUCCIÓN AL USO DE PHOTOSHOP® (RETOQUE Y MANIPULACIÓN)

Debido a que la amplia gama de opciones y paletas de interfaz de Photoshop® pueden confundir al usuario novel, esta sección se divide en áreas temáticas a fin de facilitar la compresión de los mismos.

Recomendamos seguir los siguientes pasos

- Lea detenidamente todo el capítulo.
- Inicie Photoshop® y cargue una imagen cualquiera.
- Empiece por las Herramientas, pruebe una por una hasta tener clara su utilidad.
- Eche un vistazo a los "Atajos de teclado".
- Familiarícese con las "Paletas flotantes".
- Con los menús desplegables, al igual que con las herramientas, pruebe uno por uno todos sus comandos.

Una vez hecho esto podrá comenzar con los diferentes ejemplos, los mismos están clasificados según su diferente grado de dificultad.

HERRAMIENTAS

Antes de comenzar a trabajar con Photoshop® es conveniente conocer el uso de cada función en la PALETA DE HERRAMIENTAS. Para esto puede recurrir al gráfico siguiente, donde encontrará el nombre de cada una de las funciones de la paleta principal de herramientas que serán explicadas más adelante.

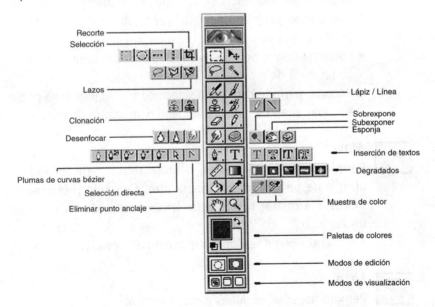

En las combinanciones de teclado, hacemos referencia a las teclas <SHIFT>, <CONTROL> y <ALT> de las computadoras PC-compatibles, que equivalen a <SHIFT>, <COMMAND> y <OPTION> respectivamente en los equipos Apple Macintosh®.

Herramientas de Selección

 Marco rectangular

Es una herramienta de suma utilidad que permite seleccionar áreas específicas de un documento para su posterior edición.

- El marco rectangular permitirá hacer selecciones rectangulares.
- Pulsando <SHIFT> se hacen selecciones de lados proporcionales (cuadrados o círculos).
- Pulsando <SHIFT> después de una selección se pueden sumar selecciones.
- Pulsando <CONTROL> después de una selección se pueden restar selecciones.
- Elíptico: permite hacer selecciones circulares y elípticas.
- Fila única: permite hacer la selección de una fila de un pixel de grosor.
- Columna única: permite hacer la selección de una columna de un pixel de grosor.
- Recorte: permite hacer una selección rectangular para poder editarla; girar, cambiar su tamaño o su centro de giro.

 Mover

Permite mover una imagen o una selección de un lado a otro, o de un documento hacia otro. Con sólo presionar el mouse y arrastrar recortará la imagen dejando en su lugar un espacio.

- Pulsando <ALT> se duplica el objeto al moverlo.

 Lazo

Permite hacer selecciones a mano alzada.

- Lazo poligonal: permite hacer selecciones marcando los puntos por donde pasará la selección.
- Lazo magnético: hace la selección a mano alzada en función de la configuración que se haya ajustado. La línea de selección será la intersección de dos colores dependiendo del contraste de sus bordes.

Opciones:

Calado: suaviza los bordes de la selección en n° de pixels.

Suavizar: suaviza los bordes a la hora de cortar, copiar o mover.

Ancho de lazo: ancho con que Photoshop® buscará bordes.

Lineatura: distancia a la que Photoshop® irá trazando puntos de anclaje.

Contraste borde: se le indicará el porcentaje de cambio del contraste para que se establezca la línea de selección.

Varita mágica

Permite seleccionar áreas del documento que tengan cierta similitud en el color, como el cielo de un paisaje. Es de resultados rápidos, pero se debe utilizar conociendo las distintas opciones para que sea más efectiva.

Opciones:

Tolerancia: se le indicará la similitud que deberán tener los colores que se van a seleccionar con respecto al color que seleccionemos con la varita mágica. Un valor muy bajo hará selecciones precisas, mientras que un valor alto hará selecciones más difusas.

Suavizar: suaviza los bordes de la selección.

Todas las capas: tomará el valor de la similitud en todas las capas.

Herramientas de Pintura

Aerógrafo

Esta herramienta simula los efectos de un aerógrafo convencional. Si permanece en una zona sin moverse y tiene el botón del mouse pulsado, el aerógrafo seguirá emitiendo pintura.

Opciones:

Presión: permite controlar el porcentaje de pintura que utilizará el aerógrafo.

Transición: si bien parece que controla el tiempo que estará pintando, lo que controla es el espacio que se puede recorrer sin que se acabe la pintura. Si se introduce el valor 0, no se acabará la pintura.

Transición a: transparente (cuando se acabe el color seguirá pintando pero con color transparente); fondo (seguirá pintando con el color de fondo).

Pincel

Esta herramienta añade pintura como si fuese un pincel.

Opciones:

Opacidad: se puede controlar el porcentaje de opacidad de la pintura.

Transición: igual que en "Aerógrafo".

Transición a: igual que en "Aerógrafo".

Húmedo: la pintura queda con cierta transparencia simulando pintura húmeda.

Pincel de historia

Permite restaurar una imagen a su estado primitivo después de haber sufrido algún cambio.

Para ello debemos tomar una instantánea previa de la imagen a la que nos interese retroceder: seleccionamos con el botón derecho sobre la última acción de la ventana "historia" y "tomamos instantánea". Se puede observar que se añade una nueva instantánea en la parte superior, y si activamos la casilla de su izquierda ya se podrá retroceder hasta ella.

También se puede activar la casilla de cualquier acción que se va almacenando en la historia para retroceder hasta ella. Parece complicado, pero sólo es cuestión de intentarlo.

Opciones:

Opacidad: igual que en "Pincel".

Impresionista: actúa como la herramienta pincel pero aplicando un efecto "impresionista".

Sello de clonación

Se utiliza para clonar una imagen o parte de ella. Se puede copiar una parte de la imagen y estamparla tantas veces como se desee.

Pulsando <ALT> y haciendo "clic" se establece una guía; si se vuelve a picar con el mouse comienza la clonación.

Sello de motivo: Se hace una selección rectangular y en el menú "edición", se "define motivo".

Se podrá pintar con un patrón de "casilleros de ajedrez" con el motivo seleccionado.

Se conseguirán buenos efectos al abrir dos documentos, definir motivo en uno, y aplicar el sello de motivo en una selección previamente hecha del otro documento.

Borrador

Hace que los pixels borrados adquieran el color de fondo del selector de color, o bien, si hay más de una capa, los vuelve transparentes. Puede adoptar forma de pincel, aerógrafo, lápiz o cuadrado.

Lápiz

Permite dibujar a mano alzada; pulsando <SHIFT> hacemos líneas rectas.

Línea: permite dibujar líneas de distintos grosores pudiendo incluir puntos de flecha en el inicio, fin o inicio y fin de la misma.

Desenfocar

Desenfoca la imagen y disminuye el contraste de la zona donde se aplique.

Enfocar: da más nitidez a la imagen y aumenta el contraste del color.

Dedo

Diluye los colores simulando la acción de arrastrar un dedo sobre pintura fresca.

Sobreexponer

Aclara las áreas de la imagen donde se aplique. Produce el mismo efecto que la técnica de exposición en fotografía.
Opciones:
Medios tonos: sólo afecta a una escala intermedia de grises.
Sombras: el efecto se acentúa en las partes oscuras.
Luces: el efecto se acentúa en las partes de mayor claridad.
Subexponer: hace lo contrario que la herramienta anterior, oscurece la imagen.
Esponja: satura o desatura reduciendo el nivel de gris. Se consigue acentuar el brillo de los colores. Si la imagen está en escala de grises sólo aumenta o disminuye el contraste.

Herramientas de Edición

Pluma

Aunque se puede considerar como una herramienta de selección, lo que realmente se consigue con la pluma son trazados vectoriales, que se utilizan para dibujar, hacer selecciones precisas (convirtiendo trazado en selección), o exportar trazados a Adobe Illustrator® (aplicación de ilustración).
Su funcionamiento es similar al lazo poligonal; se van marcando puntos de anclaje a medida que se hace "clic" con el mouse, para posteriormente poder modificarlos. El trazado se irá completando según se añadan puntos de anclaje. Si al añadir uno no suelta el botón del mouse y arrastra en una dirección, podrá cambiar la curvatura de la línea creando una clase de herramienta denominada "curva Bézier", que se podrá editar con posterioridad.
• Pluma magnética: su funcionamiento es idéntico al lazo magnético, aunque ésta crea trazados y no selecciones.

- Pluma de forma libre: se utiliza para dibujar trazados a mano alzada. Utilizando la opción "anclaje de curva" el trazado será más preciso.
- Añadir punto de anclaje: añade en cualquier punto del trazado un punto de anclaje.
- Eliminar punto de anclaje: elimina puntos de anclaje del trazado.
- Selección directa: selecciona un trazado, mueve uno o varios puntos de anclaje. Si los mismos son seleccionados con <SHIFT> pulsado, moverá los puntos de dirección.
- Convertir puntos de anclaje: transforma puntos de anclaje de curvas en puntos de anclaje asimétricos o a la inversa.

Texto

Es la herramienta utilizada para incorporar texto. Para poder aplicarle un filtro es necesario quitarle el carácter tipográfico convirtiéndola en mapa de bits, lo cual se hace desde el menú: Capa/Texto/interpretar capa.

Máscara de texto: el texto que escribe aparecerá como selección.

Texto vertical: el texto aparecerá escrito en vertical.

Opciones:

Rotar: los caracteres aparecerán rotados 90°.

Interlineado: es el espacio entre líneas base.

Línea base: es la línea imaginaria que pasa por la base de los caracteres. Permite subir o bajar el texto.

Tracking: es el espacio uniforme entre los caracteres seleccionados.

Kerning: es el espacio entre dos caracteres.

Máscara de texto vertical: el texto se escribirá en vertical en forma de selección.

Degradado

Permite crear gradientes de dos o más colores. Se elige el tipo de degradado, se pica con el mouse, se arrastra y se suelta el botón. Los distintos tipos de degradado son:

- Lineal: el gradiente se propaga en línea recta.
- Radial: el gradiente se propaga en círculos concéntricos.

- Angular: el gradiente se propaga como la línea de barrido de un radar.
- Reflejado: el gradiente tendrá un eje de simetría horizontal, resultando la parte inferior simétrica con la superior.
- De diamante: produce un efecto romboidal simulando el brillo de un diamante.

En todos ellos, pulsando <SHIFT>, nos permite desplazarnos en múltiplos de 45°.

Medición

Permite medir distancias, indicando también la posición relativa desde el punto donde se ha comenzado a medir con los ejes de coordenadas X, Y.

Podrá medir ángulos a partir de una línea trazada con esta herramienta, para luego picar en un extremo y pulsar <ALT>, así se formará un transportador de ángulos.

Es de utilidad utilizar la tecla <SHIFT> para girar en múltiplos de 45°.

Balde de pintura

Se podrán pintar con el color frontal los pixels donde hayamos pulsado y aquellos que tengan cierta similitud de color.

Opciones:

Opacidad: se puede controlar el porcentaje de opacidad con que pintaremos.

Suavizar: suaviza los bordes de la zona pintada.

Tolerancia: se podrá variar la similitud de color de los pixels para que se pinten o no. "Poca tolerancia"; rellenará los pixels muy cercanos de similitud; "mucha tolerancia"; rellenará los pixels más alejados en similitud.

Contenido: "color frontal", pintará con el color establecido como color frontal. "Motivo", hará un mosaico si antes hemos definido un motivo. Recuerde que para definir un motivo (pattern) deberá generar una selección rectangular y en "menú edición" seleccionar "definir motivo".

Cuentagotas

Esta herramienta permite obtener una muestra del color de un pixel determinado y almacenarlo como color frontal.

Es importante saber que cuando utilizamos el pincel o el lápiz podemos presionar la tecla <ALT> y aparecerá temporalmente el cuentagotas que nos permitirá "levantar" un color deseado para su utilización inmediata.

Editar en modo estándar

Modo de edición normal.

Editar en modo máscara rápida

Es una herramienta para conseguir selecciones precisas. A partir de una selección se podrá aplicar la máscara rápida (Quick mask). La parte que está seleccionada no cambiará, pero la parte no seleccionada se teñirá de rojo indicando que está "enmascarada".

Ahora con cualquier herramienta de dibujo se podrá añadir máscara pintando con color negro, o restar máscara pintando con color blanco. Cuando se tengan teñidas aquellas partes del documento que no nos interesen seleccionar, se pasará al "modo estándar" y éstas aparecerán deseleccionadas.

Se habrá conseguido seleccionar las partes no enmascaradas para su posterior edición.

Herramientas de Visualización

Mano

Picando y arrastrando el mouse permite moverse por el documento. La tecla rápida es <BARRA ESPACIADORA>.

Zoom

Permite aumentar o disminuir el tamaño de visualización del documento. Al aplicar la herramienta la imagen aumenta, si pulsamos <ALT> disminuye.

Con doble "clic" la visualización será del 100 %.
Las teclas rápidas: <CTRL +> aumenta, <CTRL -> disminuye.

Paleta de colores frontal y de fondo

Color frontal: contiene el color con el que se pinta, rellena, se hacen degradados, etc.

Color de fondo: contiene el color de relleno de borrados, selecciones y lienzo añadido.

Conmutar colores: esquina superior derecha. Intercambia los colores frontal y de fondo. Tecla rápida: <X>

Colores por defecto: esquina inferior izquierda. Siempre son el negro y el blanco.

Modo de visualización

Será la manera en que podamos ver el área de trabajo. Empezando de izquierda a derecha.

Estandar

Se mostrará la barra de menús, pudiendo ver más de un documento a la vez.

Entera con barra de menús

Se verá a pantalla completa con la barra de menús. Sólo veremos un documento.

Entera

Pantalla completa sin barra de menús.

PALETAS

Para poder ver las ventanas a continuación enumeradas, deberá dirigirse al menú Ventana\Mostrar.

Herramientas: (véase barra de herramientas).

Color: en ella podrá elegir el modo de color utilizando su menú desplegable. También se puede cambiar el color frontal o el de fondo.

Muestras: sirve para elegir el color frontal y el de fondo. En su menú desplegable puede añadir o eliminar colores, así como guardar conjuntos de muestras que se podrán cargar en cualquier momento.

Pinceles: en ella podrá elegir el tamaño de pincel y de otras herramientas como borrador, sello, etc. Contiene los siguientes comandos:

- **Nuevo pincel:** define un nuevo pincel que se cargará en la paleta.
- **Eliminar pincel:** elimina el pincel seleccionado.
- **Opciones de pincel:** para modificar los valores del pincel seleccionado.
- **Definir pincel:** para crear pinceles propios.
- **Pinceles por defecto:** deja la paleta con los pinceles que Photoshop® instala por defecto.
- **Cargar pinceles:** carga en la paleta pinceles que se encuentren situados en un archivo externo. Por ejemplo: C:\Archivos de programa\Adobe\Photoshop® 5.X\Goodies\Brushes
- **Guardar pinceles:** guarda los pinceles creados en un archivo.

Info: muestra información de los valores de color y posición, al situar el cursor en cualquier área de la imagen, u otro tipo de información dependiendo de la herramienta en uso.

Navegador: sirve para variar el zoom de la imagen. Se puede variar de forma numérica, introduciendo los valores o desplazando el regulador a derecha o izquierda.

En la miniatura de la imagen aparece un rectángulo, el cual marca el área actualmente visible. Situándose sobre él aparecerá una mano, y arrastrándola se variará la zona de la imagen que se visualiza.

Historia: sirve para deshacer o rehacer las distintas modificaciones que se le hayan hecho a la imagen. Cada cambio realizado se verá reflejado en la paleta como un estado. Cuando se pasa de los 20 estados permitidos se van borrando automáticamente los más antiguos. Para moverse de un estado a otro debemos hacer "clic" en el estado que quiera recuperar. En su menú desplegable tiene los siguientes comandos:

- **Paso atrás:** retrocede un estado.
- **Paso adelante:** avanza un estado.
- **Tomar instantánea:** crea un estado fijo que se almacenará en la parte superior de la ventana.
- **Eliminar:** borra el estado seleccionado.
- **Borrar instantánea:** elimina la instantánea seleccionada.
- **Nuevo documento:** crea un nuevo documento a partir de una instantánea o de un estado.
- **Opciones de historia:** permite modificar el número de estados (el valor por defecto es 20).

En la paleta también hay íconos que ejecutan los siguientes comandos: "Nuevo documento", "Tomar instantánea" y "Eliminar".

Acciones: sirve para grabar una serie de procesos que se realizarán automáticamente con sólo pulsar un botón. Es muy útil, por ejemplo, para aplicar un mismo cambio o ajuste a varias imágenes. En su menú desplegable tiene los siguientes comandos:

- **Acción nueva:** al ejecutar este comando surgirá una ventana en la que se dará nombre a la acción, se le asignará el grupo al que va a pertenecer, y haciendo "clic" en "Grabación" se comenzarán a grabar los procesos o comandos que se realicen en la imagen hasta que se detenga la grabación.
- **Grupo nuevo:** crea un nuevo grupo.
- **Duplicar:** duplica el grupo, acción o comando que se encuentre seleccionado.
- **Eliminar:** elimina el grupo, acción o comando que se encuentre seleccionado.
- **Ejecutar:** ejecuta la acción seleccionada (igual que el "Play" de un video).
- **Iniciar grabación:** (igual que el "Rec" de un video).
- **Volver a grabar:** modifica los parámetros de un comando ya grabado.
- **Insertar ítem de menú:** sirve para grabar un comando de alguno de los menús de Photoshop®, bien seleccionándolo con el mouse o escribiéndolo.
- **Insertar parada:** sirve para insertar un mensaje en un momento determinado de la acción; permite detenerla o dejar

que continúe. Muy útil para poder realizar en la imagen acciones que no se pueden grabar, como realizar una selección determinada.

- **Insertar trazado:** inserta un trazado en la acción.
- **Opciones de acción:** sirve para modificar el nombre de la acción y el grupo al que pertenece.
- **Opciones de la ejecución:** sirve para modificar la velocidad de ejecución de la acción.
- **Borrar acciones:** borra las acciones.
- **Cargar acciones:** sirve para obtener acciones de un archivo determinado.
- **Sustituir acciones:** cambia una acción determinada por otra.
- **Guardar acciones:** guarda la acción en un archivo *.ATM.
- **Modo de botón:** con este comando activado las diferentes acciones y comandos que la componen se visualizarán en forma de botones.

Trazados: contiene una representación en miniatura de todos los trazados que se van dibujando. En su menú desplegable se obtienen los siguientes comandos.

- **Nuevo trazado:** crea un nuevo trazado, pudiendo establecer un nombre distinto del asignado por defecto.
- **Guardar trazado:** guarda el trazado en un archivo.
- **Duplicar trazado:** duplica el trazado seleccionado.
- **Eliminar trazado:** elimina el trazado seleccionado.
- **Desactivar trazado:** deselecciona el trazado.
- **Hacer trazado en uso...:** convierte una selección en trazado.
- **Hacer selección...:** convierte un trazado en selección.
- **Rellenar subtrazado...:** rellena el área comprendida dentro del trazado.
- **Contornear subtrazado...:** permite contornear el trazado utilizando diversas herramientas.
- **Trazado de recorte...:** permite aislar el objeto frontal y convertir en transparente todo lo que quede fuera al imprimir la imagen o al colocarla en otra aplicación.

Miniatura

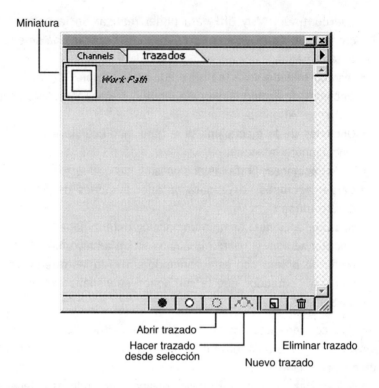

Abrir trazado

Hacer trazado
desde selección

Eliminar trazado

Nuevo trazado

Canales: como sabemos, las imágenes en las computadoras se representan a partir de la sumatoria y combinación de tres colores básicos (rojo, verde y azul) que dentro del Photoshop® se denominan "canales". En muchas oportunidades es necesario hacer correcciones de color o retoques en uno de estos planos de color sin afectar a los otros. Un ejemplo concreto es el de una imagen que fue digitalizada con un escáner defectuoso, presentando un "error de registro" entre los planos primarios de color. Para esos casos es importante poder acceder a la información de cada "canal" y manipularla a voluntad.

La paleta de canales muestra los canales de color, con el "canal compuesto" en primer lugar, y a continuación los "canales alfa" (canales adicionales que se utilizan para generar máscaras y selecciones). En el lado izquierdo de cada canal se muestra una miniatura de la imagen, que irá cambiando su aspecto según se edite un canal u otro.

Para editar un canal de forma individual se hará un "clic" sobre el mismo. En su menú desplegable se obtienen los siguientes comandos:

- **Nuevo canal:** crea un nuevo canal alfa.
- **Duplicar canal:** duplica el canal seleccionado.
- **Eliminar canal:** elimina el canal seleccionado.
- **Nuevo canal de tinta plana:** de utilidad para imprentas.
- **Combinar canal de tinta plana:** de utilidad para imprentas.
- **Opciones de canal:** permite cambiar el nombre y modificar el grado de opacidad del mismo.
- **Dividir canales:** sirve para separar los diferentes canales en imágenes diferentes e independientes. El archivo original se cerrará y los canales individuales se convertirán en archivos separados con imágenes en escala de grises. Sólo se podrán dividir las imágenes que no contengan capas.
- **Combinar canales:** realiza la función opuesta a "Dividir canales".

MENÚS DESPLEGABLES

Menú Archivo

El menú Archivo es similar al de cualquier otro programa salvo en algunos comandos específicos propios de Photoshop® :

Nuevo: crea un nuevo documento. Aparecerá un cuadro de diálogo en el que se podrá:

- Nombrar el archivo.
- Definir las dimensiones del documento en: pixels, pulgadas, centímetros, puntos o picas.
- Definir la resolución del documento en: puntos por pulgada o en puntos por centímetro.
- Modo de color del documento: color RGB, CMYK, escala de grises.
- "Contenido": con esta opción se determinará el aspecto del lienzo de trabajo que puede ser blanco, color de fondo, transparente.

Abrir: abre un archivo ya existente.

Abrir como: permite especificar el formato en que se va a abrir un determinado archivo. Se utiliza para abrir imágenes procedentes de otros sistemas operativos (Macintosh, Unix, etc.).

Cerrar: sirve para cerrar un archivo.

Guardar: sirve para guardar los cambios en un archivo.

Guardar como: sirve para nombrar o renombrar un documento y darle un determinado formato de imagen (JPG, GIF, BMP, etc.).

Para guardar un archivo con un formato de imagen diferente al propio de Photoshop® (PSD) las diferentes capas que conformen el documento han de estar acopladas (véase: menú Capas).

Guardar una copia: guarda una copia del archivo ofreciendo la posibilidad de acoplar la imagen, eliminar los canales alfa y excluir datos que no son de la imagen (guías, cuadrículas, trazados, etc.).

Volver: vuelve a la última versión guardada del archivo activo.

Colocar: se utiliza para importar archivos gráficos como los archivos de extensión EPS.

Importar (TWAIN_32...): sirve para obtener una imagen de un escáner.

Exportar a: - GIF 89a (formato utilizado para internet).

Automatizar: sirve para simplificar una serie de tareas a partir de permitirle a Photoshop® que recuerde una secuencia de comandos y la asigne a una tecla para dispararla cada vez que sea necesaria.

Obtener información: sirve para introducir u obtener información sobre el archivo como palabras clave, copyright, URL, créditos, etc.

Ajustar página: configura la página para su impresión.

Imprimir: imprime el archivo.

Preferencias generales: para configurar determinados parámetros del programa (unidades de medida, colores de las guías, cantidad de memoria asignada, etc.).

Ajustes de color: sirve para ajustar los valores necesarios de compatibilidad entre el monitor utilizado y Photoshop®, de modo de optimizar la definición de los colores en pantalla.

Salir: sirve para cerrar el programa.

Menú Edición

El menú Edición consta de los siguientes comandos:

Deshacer: deshace la última acción realizada.

Cortar: corta la imagen seleccionada en la capa activa.

Copiar: copia la imagen seleccionada en la capa activa.

Copiar combinado: realiza una copia teniendo en cuenta todas las capas visibles de la imagen, es decir, independientemente de la capa que se encuentre activa.

Pegar: pega en una nueva capa lo que previamente ha sido copiado o cortado.

Pegar dentro: pega lo que previamente ha sido copiado o cortado dentro de unos bordes de selección existentes. Muy útil para pegar imágenes en textos.

Rellenar: permite rellenar selecciones o capas enteras con un contenido de las opciones color frontal, color de fondo, negro, blanco, 50% gris, con alguna instantánea de la ventana historia o con un motivo (un motivo es una imagen fijada previamente con el comando "Definir motivo").

Contornear: permite dibujar un borde alrededor de una selección o de una capa. Para ello primero se elegirá el color frontal. Al ejecutar este comando surgirá una ventana donde se pueden modificar los siguientes parámetros:

- Grosor de la línea.
- Posición de la línea respecto de la capa o selección.
- Modo de fusión.
- Opacidad.

Transformación libre: permite modificar o rotar una selección. Si además mantiene pulsada la tecla <SHIFT> se conservará la proporción original al desplazar los puntos de anclaje (puntos que se encuentran en los vértices y que permiten distorsionar la imagen).

Transformar: permite deformar la imagen según las siguientes opciones:
- **Otra vez:** aplica de forma automática la última transformación efectuada.
- **Escalar:** modifica el tamaño de la capa o selección.
- **Rotar:** rota la capa o selección sobre un centro de giro variable.
- **Distorsionar:** permite mover libremente cada tirador de esquina, y cuando desplace los centrales se moverá todo el lado a la vez. Pulsando la tecla <MAYÚS> conseguirá restringir el desplazamiento de forma vertical u horizontal. Con la tecla <ALT> desplazará los puntos opuestos en relación al centro del marco.
- **Perspectiva:** sirve para crear distintos efectos de perspectiva desplazando los tiradores de las esquinas.
- **Desplazar:** sirve para desplazar el marco de transformación.
- **Numérico:** con este comando puede llevar a cabo desplazamientos, escalas, rotaciones y sesgamientos de capas o selecciones introduciendo datos numéricos.
- **180º:** gira la selección 180º.
- **Rotar 90º AC:** gira la selección 90º hacia la derecha (sentido horario).
- **Rotar 90º ACD:** gira la selección 90º hacia la izquierda (sentido antihorario).
- **Voltear horizontal:** voltea la selección horizontalmente.
- **Voltear vertical:** voltea la selección verticalmente.

Definir motivo: para usar este comando primero se realizará una selección rectangular que comprenda la parte de la imagen que quiera definir como motivo. Después ejecutará el comando "Definir motivo" y éste quedará guardado. De tal manera que al rellenar una selección o capa con el motivo, éste se repetirá tantas veces como el tamaño de la selección o capa se lo permita. Cada vez que se defina un nuevo motivo el anterior de borrará.

Purgar: "Deshacer", "Historia", el "Portapapeles" o el "Motivo" son comandos que ocupan memoria en su ordenador. En caso de que se encuentre con los recursos de memoria agotados y no pueda hacer ninguna acción, ni siquiera guardar el trabajo, entonces es cuando recomendamos "purgar" el área de memoria para liberar espacio.

Menú Imagen

El menú imagen consta de los siguientes comandos:

Modo: los modos de color son modelos que tratan de representar los colores de la naturaleza para visualizarlos en pantalla o en impresión. Photoshop® incluye los siguientes modos de color:

- **Mapa de bits:** este modo sólo utiliza dos valores de color: el blanco y el negro.
- **Escala de grises:** son imágenes en blanco y negro en las cuales los pixels se muestran hasta con 256 tonos de gris diferentes.
- **Duotono:** este modo se utiliza para crear imágenes impresas en escala de grises con una mayor riqueza tonal.
- **Color indexado:** este modo emplea una gama de 256 colores. Cuando se convierte una imagen a este modo, Photoshop® crea una paleta de color basada en los colores de la imagen que incluye hasta 256 valores. De modo que si algún color no ha podido ser incluido en la paleta, la imagen adopta el color más próximo presente en ella. Es muy útil para aplicaciones multimedia o Internet, debido a que reduce de forma considerable el tamaño de los archivos sin que la pérdida de calidad sea muy elevada.
- **Color RGB:** el modelo RGB (Red-Green-Blue) está basado en los colores primarios rojo, verde y azul. Con una mezcla de estos tres

colores, se consiguen representar un gran número de colores. Este es el modelo utilizado por los monitores de ordenador.

- **Color CMYK:** "Cian-Magenta-Yelow-Black" es el utilizado para impresión. Se basa en la absorción de la luz por las distintas tintas impresas. Es recomendable trabajar en RGB y al final convertir los documentos a CMYK.
- **Color Lab:** este modelo es utilizado por Photoshop® de forma interna cuando se convierte un archivo de un modo a otro.
- **Multicanal:** en este modelo las imágenes se componen de múltiples canales, cada uno con 256 niveles de gris. Se utilizan archivos en este modo de color para realizar impresiones de color especializadas.
- **8 bits / Canal**
- **16 bits / Canal**
- **Tabla de colores**
- **De perfil a perfil**

Ajustar: este comando contiene una serie de subcomandos, los cuales tienen en común actuar modificando los valores o gama de colores de los distintos pixels. Estos subcomandos son:

- **Niveles:** sirve para controlar las luces o la luminosidad de una imagen. Consta de dos partes: una de entrada (aumenta el contraste) y otra de salida (reduce el contraste).
- **Niveles automáticos:** ídem anterior, pero de forma automática.
- **Curvas:** lo mismo que "Niveles" pero también afecta a los colores. Teniendo nivel negro 0 en el ángulo inferior derecho y nivel 255 blanco en el otro extremo de la diagonal. Haciendo un "clic" con el mouse en la gráfica se van poniendo puntos de anclaje que actuarán como puntos de inflexión de la curva. Estos se eliminarán seleccionándolos y pulsando la tecla <SUPR>. También podrá trazar la curva manualmente con el lápiz.
- **Equilibrio de color:** se utiliza para eliminar algún color dominante, saturar o desaturar un determinado color, o jugar con los tonos y gamas de color libremente para crear diversos efectos.
- **Brillo / Contraste:** sirve para modificar el brillo y el contraste de una imagen o selección.

- **Tono / Saturación:** sirve para modificar el tono, la saturación y la luminosidad de una imagen o selección.
- **Desaturar:** convierte una imagen a blanco y negro.
- **Reemplazar color:** crea una especie de máscara temporal seleccionada según un rango de colores. Sobre esta selección usted podrá alterar los valores de tono, saturación y luminosidad.
- **Corregir selectivamente:** se utiliza para corregir desequilibrios y ajustar tonos de color.
- **Mezclador de canales:** permite modificar el color de un canal con una mezcla de los canales de color actuales.
- **Invertir:** invierte los colores. Por ejemplo, un pixel con valor de 255 pasará a un valor de 0.
- **Ecualizar:** la función de esta herramienta es la de redistribuir los valores de luminosidad de los pixels para que representen la gama completa de los valores de brillo.
- **Umbral:** sirve para convertir imágenes a blanco y negro, estableciendo un valor de umbral a partir del cual los pixels con un determinado valor de brillo pasarán a ser blancos o negros.
- **Posterizar:** se emplea para realizar efectos especiales de color en las imágenes.
- **Variaciones:** se utiliza para ajustar visualmente el equilibrio de color, contraste y saturación de una imagen o de parte de ella.

Duplicar: sirve para copiar una imagen completa (incluidas todas las capas, máscaras de capa y canales) en la memoria disponible del sistema sin necesidad de guardar la imagen en el disco.

Aplicar imagen: permite cambiar diferentes opciones de la imagen: modo de fusión, opacidad, etc.

Calcular: permite fundir dos canales individuales de una o más imágenes de origen. A continuación, puede aplicar los resultados a una nueva imagen o a un nuevo canal o selección de la imagen activa. El comando "Calcular" no se puede aplicar a canales compuestos.

Tamaño de imagen: sirve para variar el tamaño y la resolución de una imagen. Si activa el remuestreo de la imagen, puede cambiar las dimensiones de impresión y la resolución por separado. Si desactiva el remuestreo, puede cambiar las dimensiones o la resolución (Photoshop® ajusta el otro valor automáticamente para mantener la cantidad total de pixels) para conseguir la mejor calidad de impresión.

Tamaño de lienzo: sirve para incrementar o disminuir el área de trabajo alrededor de la imagen.

Recortar: sirve para recortar una selección.

Rotar lienzo:
* **Rotar 180°:** gira la imagen 180°.
* **Rotar 90° AC:** gira la imagen 90° hacia la derecha.
* **Rotar 90° ACD:** gira la imagen 90° hacia la izquierda.
* **Arbitrario:** se indican los grados que se quiere que gire la imagen.
* **Voltear horizontal:** voltea la imagen horizontalmente.
* **Voltear vertical:** voltea la imagen verticalmente.

Histograma: muestra una representación gráfica del número de pixels que contiene cada nivel de brillo de una imagen.

Menú Capas

El menú capas consta de los siguientes comandos:

Nueva: permite las siguientes opciones:
* Capa: sirve para crear una nueva capa. Surgirá un cuadro de diálogo en el que se podrá asignarle un nombre a la capa, definirle el grado de transparencia en opacidad y su modo de fusión con la capa subyacente (inferior).
* Capa de ajuste: es una capa que le permitirá efectuar modificaciones en todas las capas que tenga por debajo, salvo que al crear la capa le indiquemos que se acople con la anterior. De este modo las modificaciones sólo tendrán efecto sobre la capa que se encuentre activa.
* Fondo: crea una nueva capa de fondo; para ello es necesario convertir la capa de fondo que tuviera esa imagen en una capa

normal. Para ello haga doble "clic" sobre ésta (paleta capas) y cambie su nombre en la ventana que le surgirá, luego cree una nueva capa de fondo. La capa de fondo tiene la particularidad de que no se puede modificar su orden con respecto de las demás capas, no se puede variar su grado de opacidad ni su modo de fusión.

- **Capa vía copiar:** crea una nueva capa a partir de una selección.
- **Capa vía cortar:** crea una nueva capa a partir de una selección cortando esta selección de la capa de origen.

Duplicar capa: crea una capa idéntica al que se encuentre activa.

Eliminar capa: sirve para eliminar la capa que se encuentre activa.

Opciones de capa: sirve para modificar el nombre, el grado de opacidad y el modo de fusión de una capa.

Opciones de ajuste: sirve para modificar los valores de la capa de ajuste si la hubiera.

Efectos: sirve para aplicar efectos sobre las capas independientemente si esta es de texto o de imagen. Se pueden aplicar los siguientes efectos:

- Sombra paralela.
- Sombra interior.
- Luz exterior.
- Luz interior.
- Depresión y relieve.

Texto:

- **Interpretar capa:** convierte una capa de texto a una capa de imagen, con esto se consigue que se puedan aplicar filtros a los textos.
- **Horizontal:** coloca el texto en dicha posición.
- **Vertical:** coloca el texto en dicha posición.
- **Añadir máscara de capa:** las máscaras de capa tienen como función ocultar o mostrar determinadas áreas de una capa.
- **Descubrir todas:** añade una máscara de capa blanca a toda la capa.

- **Ocultar todas:** añade una máscara de capa negra a toda la capa.
- **Descubrir selección:** añade una máscara de capa blanca a la selección.
- **Ocultar selección:** añade una máscara de capa negra a la selección.
- **Eliminar máscara de capa:** elimina la máscara de capa dando la opción de aplicarla antes de eliminarla.

Habilitar / Deshabilitar máscara de capa: para hacer desaparecer o aparecer los efectos de la máscara de forma temporal.

Agrupar con anterior: Photoshop® por defecto enlaza la máscara de capa a la capa.

Desagrupar: desenlaza la máscara de la capa.

Organizar: sirve para alternar el orden de las distintas capas.
- **Traer al frente:** reubica la capa activa en primer lugar.
- **Hacia adelante:** avanza un puesto.
- **Hacia atrás:** retrocede un puesto.
- **Enviar detrás:** reubica la capa activa al último lugar.

También se puede alternar el orden de las capas haciendo "clic" sobre ella (en la paleta capas) y arrastrarla hasta la nueva posición.

Alinear enlazadas: alinea las capas que se encuentren enlazadas.

Distribuir enlazadas: distribuye las capas que se encuentren enlazadas.

Combinar hacia abajo: hace que la capa activa se funda con la inmediatamente superior.

Combinar visibles: funde todas las capas visibles.

Acoplar imágenes: agrupa todas las capas creando una única capa de fondo (esto es imprescindible si se quiere guardar la imagen en otro formato distinto al propio del programa *.PSD). Muy útil para reducir el tamaño de los archivos.

Halos: cuando desplace o pegue una selección, alguno de los pixels atenuados que rodean al borde de selección pueden quedar en la imagen, formando una especie de halo (aureola). Para solucionar este defecto, Photoshop® ofrece los siguientes comandos:

- **Eliminar halos:** sustituye el color de cualquier pixel de halo por los colores de los pixels cercanos que contengan colores puros (los pixels de colores puros no contienen color de fondo). Por ejemplo, si selecciona un objeto amarillo sobre un fondo azul y desplaza la selección, algo del azul del fondo se desplaza con el objeto. Eliminar halos reemplaza los pixels azules por los amarillos.
- **Eliminar halo negro:** actúa sólo cuando el halo es negro.
- **Eliminar halo blanco:** actúa sólo cuando el halo es blanco.

Menú Selección

El menú selección consta de los siguientes comandos:

Todo: selecciona la capa que se encuentre activa.

Deseleccionar: elimina la selección actual.

Reseleccionar: recupera la última selección realizada.

Invertir: selecciona las zonas que no estaban seleccionadas. Muy útil para usar en combinación con la herramienta "varita mágica".

Gama de colores: selecciona según una gama de color que se indique previamente.

Calar: sirve para hacer difusos y suavizar los bordes de una selección realizada con las herramientas de selección (lazo, recuadro, etc.).

Modificar:
- **Borde:** crea un marco alrededor de la selección original.
- **Redondear:** redondea las esquinas de una selección.
- **Expandir:** se aumenta la selección original.
- **Contraer:** se disminuye la selección original.
- **Extender:** Aumenta la selección incluyendo aquellos pixels cercanos que pertenecen al rango de tolerancia definido en la herramienta "varita mágica".

- **Similar:** lo mismo que la anterior pero incluye, además, todos los pixels de la imagen.
- **Transformar selección:** sirve para modificar el tamaño de la selección original o rotarla.
- **Cargar selección y Guardar selección:** sirven para guardar las selecciones y volver a utilizarlas en cualquier momento.

Menú Filtros

Los filtros son componentes modulares que se instalan en Photoshop® para darle nuevas funcionalidades. En general, se relacionan con efectos especiales de distorsión y algunas herramientas de corrección de suma utilidad.

Los filtros disponibles varían según lo que cada usuario tenga instalado en su equipo.

Analizaremos aquí los filtros que Photoshop® trae de muestra, aunque la lista de filtros disponibles en el mercado sea muy larga. Recomendamos explorar posibilidades sin abusar de los mismos.

Photoshop® incluye los siguientes filtros:
- **Artísticos:** emulan efectos de pintura.
- **Bosquejar:** dan efectos de tres dimensiones a las imágenes, simulando distintos materiales. Los aplica en función del color frontal y de fondo.
- **Desenfocar:** su función principal es la de suavizar las imágenes.
- **Distorsión:** realizan distorsiones geométricas.
- **Enfocar:** junta pixels y corrige imágenes.
- **Estilizar:** emulan efectos de pintura.
- **Interpretar:** filtros con diversos efectos.
- **Pixelar:** agrupa pixels semejantes.
- **Ruido:** añaden o eliminan ruido a una imagen.
- **Textura:** imitan diferentes materiales o texturas.
- **Trazos de pincel:** emulan los trazos de un pincel.
- **Video:** se utilizan para aplicar efectos al video digital (es necesario contar con el hardware adecuado).

- **Otros:** ofrecen la oportunidad de desplazar una selección dentro de una imagen, realizar ajustes de color y hasta hacer filtros a medida.
- **Digimark:** inserta una marca de agua con los datos del autor.

Menú Vista

El menú vista consta de los siguientes comandos:

Vista nueva: genera una nueva vista de la imagen.

Previsualizar: muestra la imagen en diferentes modos de color:
- CMYK (Cian, Magenta, Amarillo y Negro)
- RGB

Avisar sobre gama: si está activada, genera una advertencia (a través de un signo de admiración) si el color que vemos en pantalla puede presentar diferencias sensibles al imprimirse.

Aumentar: aumenta la visualización de la imagen (CTRL +).

Reducir: reduce la visualización de la imagen (CTRL -).

Encajar en pantalla: sirve para encajar la imagen en la ventana de Windows.

Pixels reales: muestra la imagen en su tamaño real.

Tamaño de impresión: muestra el tamaño en que será impresa la imagen.

Ocultar bordes: oculta los bordes de la selección.

Mostrar bordes: muestra los bordes de la selección.

Ocultar trazados: oculta los trazados.

Mostrar trazados: muestra los trazados.

Mostrar reglas: muestra las reglas. Haciendo doble "clic" sobre cualquiera de las dos reglas surgirá una ventana en la que se podrá definir el tipo de unidades de la misma:
- centímetros (cm)
- pixels

- pulgadas (inch)
- puntos (pts)
- picas (pcs)
- porcentaje (%).

Ocultar reglas: oculta las reglas.

Mostrar guías: muestra las guías.

Ocultar guías: oculta las guías.

Ajustar con las guías: con esta opción activada toda selección o herramienta se ajusta a las líneas guía cuando el cursor pasa dentro de una distancia de 8 pixels.

Bloquear guías: bloquea las guías en una posición fija. Para desbloquearlas deberá desactivar esta opción.

Borrar guías: borra todas las guías. También se pueden borrar de una en una arrastrándolas fuera de la ventana.

Mostrar cuadrícula: muestra la imagen con una grilla de trabajo para tener mayor precisión. Para ajustar las distintas opciones (color, tamaño, etc.) puede acudir al comando Preferencias / Guías y cuadrícula situado dentro del menú "Archivo".

Ajustar con la cuadrícula: (igual que "Ajustar con las guías").

Menú Ventana

El menú ventana consta de los siguientes comandos:

Cascada: en caso de tener más de una imagen abierta, las coloca una detrás de otra en forma de cascada.

Segmentar: en caso de tener más de una imagen abierta, las coloca de lado a lado del área de trabajo.

Ordenar íconos: ordena las diferentes imágenes cuando se encuentran minimizadas.

Cerrar todo: cierra todas las imágenes que se encuentren abiertas.

Mostrar / Ocultar herramientas: muestra oculta la paleta de herramientas.

Mostrar / Ocultar: muestra u oculta el resto de paletas que tiene Photoshop®: Navegador, Info, Opciones, Color, Muestras, Pinceles, Capas, Canales, Trazados, Historia y Acciones.

Menú Ayuda

El menú ayuda es similar al de cualquier otro programa salvo en algunos comandos específicos propios de Photoshop®.

Exportar imagen transparente: asistente para realizar imágenes con fondo transparente. Muy útil para páginas web.

Redimensionar imagen: asistente para redimensionar imágenes.

FORMATOS DE IMAGEN

Las imágenes generadas en Photoshop® son almacenadas en forma de "unos y ceros" en el disco rígido de su computadora. Estos archivos tendrán tamaños relacionados a las dimensiones físicas de la imagen (centímetros) y a la cantidad de información de color que necesitemos preservar (bits). Debido a que una imagen puede ocupar gran cantidad de espacio, es esencial utilizar algún método de compresión. Este proceso se realiza de forma automática al salvar el documento, y dependiendo del formato utilizado se comprimirá más o menos y perderá o conservará su calidad. Algunos sistemas de compresión trabajan "eliminando" cierta información y por ellos se los conoce como "formatos de compresión con pérdida".

Tipos de compresión

* **RLE:** compresión sin pérdida, admite los formatos BMP, PCX, TIFF, PSD, EPS y DCS. Sustituye una secuencia de bits por un código. La mayoría de los sistemas se basan en éste.

- **LZW:** compresión sin pérdida, admite los formatos TIFF, PDF, GIF y PostScript. Aconsejable para imágenes grandes no muy complejas, capturas de pantalla, etc.
- **JPEG:** alta compresión aunque con pérdida, admite los formatos JPEG, PDF y PostScript. Creado especialmente para trabajar con imágenes en color.
- **ZIP:** compresión sin pérdida, admite el formato PDF.
- **Otros:** BackBits (variante de RLE), Huffman, CCITT (especial para blanco y negro), etc.

Tipos de formatos

- **PSD, PDD:** formato original de Photoshop®. Guarda capas, canales, guías en cualquier modo de color.
- **PostScript:** no es exactamente un formato, sino un lenguaje de descripción de páginas. Se encuentra en documentos PostScript. Utiliza primitivas de dibujo para poder editarlo.
- **EPS:** es una versión de PostScript, se utiliza para situar imágenes en un documento. Es compatible con programas vectoriales y de autoedición.
- **DCS:** fue creado por Quark (empresa de software para autoedición) y permite almacenar tipografía, tramas, etc. Se utiliza para filmación en autoedición.
- **Prev. EPS TIFF:** permite visualizar archivos EPS que no se abren en Photoshop®, por ejemplo los de QuarkXPress.
- **BMP:** formato estándar de Windows.
- **GIF:** muy utilizado para los sitios web. Permite almacenar un canal alfa para dotarlo de transparencia, y salvarlo como entrelazado para que su carga en un "browser" de internet sea más rápida. Admite hasta 256 colores.
- **JPEG:** también muy utilizado en Internet, factor de compresión muy alto y buena calidad de imagen.

Links

Hemos incluido aquí una serie de páginas con su dirección en la red de redes, para aquellos que deseen mayor información sobre áreas específicas o poder descargar filtros y/o ejemplos.

Dirección	Comentario	Idioma
http://www.adobe.com	Página oficial de Adobe. Puede bajar pinceles, filtros, versiones de evaluación, updates, etc.	Inglés
http://www.pixelfoundry.com	Encontrará técnicas de Photoshop®, efectos, fondos, etc.	Inglés
http://www.andromeda.com	Empresa dedicada a la creación de filtros. Gran variedad.	Inglés
http://www.saveas.com.ar	Cantidad de imágenes, fuentes, programas de diseño, etc.	Español
http://www.club-como.com	Variedad en lo que se refiere a diseño gráfico, tutoriales, fotografía, etc.	Español
http://www.imalchemy.com	Diseño de página agradable. Galería de imágenes.	Inglés
http://www.psptips.com	Información, consejos, técnicas, plugins, trucos, etc. de Paint Shop Pro y Photoshop®.	Inglés
http://www.Photoshopuser.com	Asociación Nacional de Profesionales. Dedicada especialmente para los que trabajan con Photoshop®.	Inglés
http://www.xenia.mit.edu/axc/index.cfm	Cantidad de plugins para bajar.	Inglés
http://www.fontempire.diginomicon.org	Infinitas fuentes para bajar gratis.	Inglés
http://www.letraset.com/letraset	Distribuidor de tipografías profesionales.	Inglés
http://www.gifcruncher.com	Programa que te permite comprimir archivos con formato GIF hasta un 90%.	Inglés

Glosario

Glosario de términos

Archivos EPS: (ver formatos de imagen).

Acoplar imagen: significa que todas las capas existentes en un documento se unirán en una sola. Se utiliza para poder guardar la imagen en formatos que sólo admiten una capa, como JPEG, GIF, etc.

Brillo: luminosidad u oscuridad de un color. Se mide en porcentaje, el 0% equivale a negro y el 100% equivale a blanco.

Canal: toda imagen está compuesta por canales, el número de ellos depende del modo del color de la imagen. Por ejemplo, una imagen RGB, tendrá un canal para cada uno de los colores básicos: un canal para el rojo (Red), otro para el verde (Green) y otro para el azul (Blue).

Canales Alfa: además de canales de colores existen los canales Alfa, que son utilizados para guardar selecciones o máscaras. En la paleta se mostrará una nueva miniatura, las áreas blancas indicarán las zonas seleccionadas, las áreas negras indicarán las zonas no seleccionadas.

Canal compuesto: aquel que consta de dos o más canales.

Canales de color: los diferentes canales que posee una imagen y que contienen información sobre sus colores.

Capa: una capa es un recurso de Photoshop® que simula una hoja transparente o acetato. En esta se podrá escribir, pintar, insertar imágenes, etc., sin que ésta pierda su transparencia, permitiendo incorporar cada una de estas acciones en capas diferentes. Photoshop® permite manejar hasta 100 capas diferentes.

Capa activa: la capa activa se muestra resaltada de color azul y es la que se permite editar.

Capa de fondo: todo documento estará compuesto como mínimo de una capa, y esta será la capa de fondo. En documentos de más de una capa, la capa de fondo será la capa inferior, que no se puede modificar.

Capa de imagen: es la que contiene imágenes y es susceptible a los efectos.

Capa de texto: cada vez que se escribe un texto en el documento se crea automáticamente una capa. Esta capa contendrá sólo el texto escrito y no se le podrá aplicar ningún efecto.

Capas enlazadas: se denomina así a aquella capa en la que se ve una pequeña cadena. Se enlazan capas para hacer momentáneamente una sola capa para efectos de edición. Las capas enlazadas sufrirán las mismas modificaciones que la capa actual.

Color frontal y color de fondo: son los colores almacenados en la paleta de colores. Con el frontal se pinta, rellena, se hacen degradados, etc. Con el color de fondo se rellenan las zonas borradas y los aumentos del documento.

Colores puros: llamamos colores puros a los colores primarios y sus mezclas; son puros y no están compuestos por otros.

Formato de imagen: el formato de imagen o de archivo se refiere a la estructura de datos en que se guardará el documento, por ejemplo: JPEG, TIFF, BMP. Photoshop® soporta gran variedad de formatos (véase tipos de formato).

Guías: son líneas de referencia que sólo se ven en pantalla y no se imprimen. Esta es una herramienta de gran utilidad que permite ajustar selecciones, bordes de selecciones y herramientas. Se muestra una guía al picar sobre una regla y arrastrar el puntero hacia el documento.

Illustrator: programa de Adobe complementario con Photoshop® en cuanto a herramientas, debido a que Illustrator® es una aplicación de graficación vectorial.

Instantánea (tomar): una instantánea es una captura de la imagen del momento actual que se almacenará en la paleta historia.

Máscaras de capa: se utiliza para cubrir partes de una capa que no se desea mostrar. Las zonas enmascaradas no se pierden, se ocultan tras la máscara sin necesidad de borrarlas. Al desactivar la máscara se hacen visibles nuevamente.

Modos de color: cada uno de los modelos en que se puede representar una imagen, tanto en su visualización como en su impresión.

Opacidad: opción que permite controlar el grado de transparencia de una capa. Esto variará su propia visibilidad y cómo se verán las capas que estén por debajo de ella.

Reglas: herramienta de Photoshop® que muestra dos reglas, una vertical a la izquierda del documento y otra horizontal en la parte superior. Esta regla es configurada desde "preferencias generales". Es de gran utilidad para trabajos precisos, ya que indica en todo momento la posición del puntero.

Trazados vectoriales: son líneas vectoriales que se pueden crear para su posterior modificación: contornear y rellenar de color. Se pueden convertir en selección, obteniendo así resultados más precisos.

Estos trazados se pueden exportar a programas como Illustrator, CorelDraw, entre otros.

Atajos de teclado

•Abrir archivo	**Ctrl. + o**
•Cerrar archivo o ventana	**Ctrl. + w**
•Archivo nuevo	**Ctrl. + n**
•Mostrar / ocultar paletas y herramientas	**Tabulador**
•Mostrar / ocultar paletas	**Mayus + tabulador**
•Mostrar mano	**Barra espaciadora**
•Mostrar lupa	**Ctrl. + barra espaciadora**
•Seleccionar todo	**Ctrl. + e**
•Aumentar / disminuir Zoom	**Ctrl. + (+), ctrl. + (-)**
•Rellenar selección de color frontal	**Ctrl. + retroceso**
•Suma / resta de selecciones	**Mayus + seleccionar**
•Deshacer	**Ctrl. + z**
•Cortar	**Ctrl. + x**

- Copiar   **Ctrl. + c**
- Pegar   **Ctrl. + v**
- Pegar dentro   **Ctrl. + Mayus + v**
- Salvar   **Ctrl. + s**
- Salvar como...   **Ctrl. + Mayus + s**
- Transformar selección de forma libre   **Ctrl. + t**
- Invertir selección   **Ctrl. + Mayus + i**
- Deseleccionar   **Ctrl. + d**
- Imprimir   **Ctrl. + p**

Capítulo IV
Almacenamiento digital

SISTEMAS DE ALMACENAMIENTO DIGITAL

Vivimos en sociedades que generan a diario gran cantidad de información, tanto en el ámbito doméstico como en el profesional. Ante esta cantidad tan elevada de datos –texto, imágenes y audio– aparece la necesidad de conservar esta valiosa información.

Esta demanda no ha resultado ajena a la industria, que ha lanzado al mercado nuevos soportes y sistemas para dar respuesta a todas las expectativas.

La mayoría de los usuarios, según refleja un reciente estudio presentado por Iomega –realizado por la empresa Morin–, espera que haya una diversidad de medios digitales para poder llevar a cabo sus tareas informáticas; en cambio, más del 50% desean una única solución portátil para almacenar sus datos, sean estos de audio, video o archivos de trabajo. Esta solicitud de portabilidad se une a la demanda de seguridad en la conservación de los archivos.

Por todos estos motivos los fabricantes ponen a disposición del usuario diversas opciones, basadas en distintas tecnologías, para garantizar el almacenamiento digital. Las principales tecnologías empleadas en dispositivos removibles son: tecnología óptica, magnética y magneto-óptica.

La tecnología óptica, una de las más utilizadas en soportes como el CD-RW y el DVD, se caracteriza por su gran capacidad de almacenamiento y una alta resistencia a la influencia de factores del medio.

La tecnología magnética se destaca por su sencillez, efectividad y alta tasa de transferencia, aunque su principal inconveniente radica en su vulnerabilidad frente a campos magnéticos que puede afectar a la conservación de los datos.

Por su parte, la tecnología magneto-óptica reúne lo mejor de las dos anteriores y ofrece un rápido acceso directo, alta tasa de transferencia y elevada fiabilidad.

Asimismo, la interfaz de conexión utilizada por estos dispositivos es un elemento clave para determinar la velocidad de transferencia de los datos y la compatibilidad de los periféricos con los equipos. El estándar USB se ha ido imponiendo en muchas de estas unidades de almacenamiento, lo que permite compartir los datos guardados y transferirlos desde distintos equipos.

ARCHIVOS Y BANCOS DE IMÁGENES

En el ámbito de la fotografía digital la nueva generación de tarjetas, que realizan las mismas funciones que la "vieja" película, dotadas de alta capacidad de almacenamiento, proporcionan al fotógrafo una nueva dimensión en el tratamiento de la imagen y en su uso profesional.

Las imágenes archivadas digitalmente superan las posibilidades de los archivos analógicos ya que se conservan durante más tiempo en mejores condiciones. Siempre se puede acceder al archivo, las imágenes no desaparecen ni sufren desperfectos como los originales. Otra de las ventajas que presentan estos archivos es que las imágenes deseadas se pueden reproducir tantas veces como sea necesario, y a las mismas pueden acceder varios usuarios. Además, el transporte de imágenes se puede llevar a cabo en una gran variedad de soportes, e incluso a través de Internet.

En las siguientes páginas se ha realizado un análisis de los principales formatos y sistemas de almacenamiento para mostrar las posibilidades que tiene el profesional y el usuario doméstico para guardar documentos, sus mejores instantáneas, sus imagenes de video favoritas o su música preferida.

Principales formatos

CompactFlash

Las tarjetas **CompactFlash** se derivan directamente de la tarjeta PCMCIA, de la que conservan su interfaz de conexión, aunque su tamaño es menor. Estas tarjetas, que fueron desarrolladas por el fabricante Sandisk en 1994, tienen un tamaño reducido –36,4 x 42,8 mm– y una alta capacidad para almacenar archivos fotográficos.

De este tipo de unidades hay dos modalidades: tipo I de 3,3 mm de espesor y tipo II de 5 mm. El primer tipo permite almacenar desde 4 hasta 320 Mb mientras que el segundo tipo tiene una capacidad mayor hasta llegar a 1 Gb. Este último es más caro y por tanto su uso está más extendido en el ámbito profesional. Con estas tarjetas el usuario puede almacenar sus imágenes en la PC o en el PDA.

Este formato se ha ido imponiendo progresivamente en muchos productos audiovisuales como las cámaras de video digitales y en las cámaras fotográficas digitales de los principales fabricantes.

Entre las empresas que han apostado por estas tarjetas destacan: Sandisk, Emtec, Pretec, Nikon, Memorex, Lexar, Kodak, HP, Traxdata y Verbatim.

Disco magneto óptico

Capacidad de reescritura, alta velocidad y portabilidad son las características que definen a los discos magneto ópticos. Este tipo de sistema reúne los aspectos más positivos de la tecnología magnética y las ventajas de la tecnología óptica. Su funcionamiento es similar al de un disco duro, por lo que las copias de seguridad son tan simples como arrastrar el mouse por los archivos que se quieren guardar. En un MO de 1,3 Gb se pueden almacenar hasta 900 disquetes de 1,4 Mb, 144 minutos de música con calidad CD –44,1KHz / 16 bits–, 144 minutos en formato MPEG1–cantidad equivalente a SVHS, Video-CD–, el doble de capacidad de un CD-ROM y la de un CD-Photo, 40.000 documentos A4 digitalizados en formato TIFF grupo 3/4, etc.

La información almacenada se conserva en el cartucho al menos 30 años, ya que al ser un dispositivo óptico no está afectado por la pérdida de datos por desmagnetización como otras tecnologías.

Además, las unidades magneto ópticas actuales –de hasta 1,3 Gb– cumplen la norma de estandarización ISO que garantiza que se puedan leer y escribir los cartuchos MO antiguos y futuros. Los principales fabricantes que cuentan con este tipo de sistema son: Fujitsu-Siemens, Imation, Verbatim, Iomega y TDK.

CD-R / CD-RW

Este formato, que apareció a principios de los años noventa, está muy extendido en la actualidad gracias a su precio, capacidad de almacenamiento y a que los reproductores CD-R están instalados en casi todas las PC. Su principio de funcionamiento está basado en el empleo de luz láser para la lectura y grabación. Además, tienen una velocidad de transferencia muy alta y son muy sencillos de transportar.

La diferencia entre ambos tipos radica en su capacidad de grabación, ya que el CD-R es grabable una sola vez mientras que el CD-RW –siglas de CD ReWritable, CD-Reescribible– puede ser utilizado múltiples veces. En ellos se puede almacenar información hasta una capacidad de 700 Mb –capacidad máxima actual, equivalente a 80 minutos–.

Los CD-R tienen una duración media de 100 años mientras que los CD-RW tienen una duración menor aunque gracias a su capacidad de regrabación su rendimiento es mayor. De tal forma que si un CD-RW se reescribiera cincuenta veces diarias, duraría 5 años.

Este tipo de unidades de almacenamiento son fabricadas por diversas firmas como Emtec, HP, Imation, Intenso, Kodak, Princo, Ricoh, Sony, TDK, Maxell, Traxdata y Verbatim, entre otras.

Disquete

Este formato es el más antiguo, ya que surgió en 1981 con un tamaño de 5,25 pulgadas y con una capacidad de 160 Kb que luego evolucionó a 180 Kb y a 360 Kb los de doble cara, llegando a su límite de capacidad con 1,2 Mb.

Posteriormente, se lanzaron las unidades de 3,5" que sustituían a las anteriores llegando al límite actual de capacidad de 1,44 Mb.

A pesar de que hubo algún intento por parte de los principales fabricantes por incrementar la capacidad de los disquetes hasta 2,88 Mb, el disquete se ha mantenido con la misma capacidad desde entonces.

Los disquetes siguen siendo un método muy utilizado aunque se encuentran en decadencia debido al incremento del tamaño del disco duro y a la poca capacidad de almacenamiento respecto a los nuevos programas multimedia que han aparecido en los últimos tiempos tales como archivos MP3, PDF, etc.

Sin embargo, aunque su uso está en retroceso, sigue siendo uno de los dispositivos más utilizados sobre todo por usuarios domésticos, e incluso algunos fabricantes de cámaras digitales mantienen este soporte de almacenamiento junto con otros más modernos. Siguen apostando por este formato fabricantes como Emtec, Maxel, Verbatim, TDK, etc.

DVD

El sistema DVD (Digital Versatile Disc) nació a finales de 1995 impulsado por un consorcio formado por importantes compañías de la industria informática y audiovisual. Este parte de la misma tecnología que el Compact Disc pero tiene más capacidad (4,7 Gb).

De este sistema, que surgió como respuesta a la demanda de una mayor calidad de imagen y sonido, hay varios formatos –DVD-ROM, DVD -Video, DVD-Audio, DVD-R, DVD-RAM – y cuatro versiones de DVD según su capacidad. Los formatos más utilizados para almacenar archivos digitales son los DVD-ROM, DVD-R, DVD-RAM y DVD-RW. El DVD-ROM se diferencia del CD-R por su mayor capacidad y por su alta velocidad de lectura. El DVD-R grabable surgió después del CD-ROM, y sus unidades de grabación permiten crear discos compatibles con casi todas las unidades DVD. Se caracteriza por ser un dispositivo WORM –una sola escritura, muchas lecturas–. El DVD-RAM utiliza una tecnología de cambio de fase y su principal ventaja es que permite grabar, borrar y regrabar con una alta capacidad de almacenamiento. Este tipo de disco puede ser reescrito hasta cien mil veces. Asimismo, sus unidades son capaces de leer discos CD-ROM, DVD-R, CD-RW y DVD-ROM. Los principales fabricantes de este tipo de discos son Maxell, Philips, Emtec, Verbatim, Yamaha, HP, etc.

Jaz

Este sistema de almacenamiento fabricado por Iomega nació en 1998 para proporcionar una solución compacta y segura para el almacenamiento de información.

Las unidades Jaz y los discos Jaz de 1 y 2 Gb están pensados para el mundo del diseño gráfico y la edición, desarrollo de software, CAD/CAM 3D industrial, sistemas de gestión de empresas y para los productos de ocio. La unidad Jaz se parece mucho a un disco duro, pero gracias a su cuidado diseño impide que cualquier elemento externo como el polvo dañe el dispositivo.

Tanto los discos como las unidades Jaz de 2 Gb pueden funcionar a la velocidad sostenida de transferencia de 8,7 Mb por segundo, lo que asegura que se puedan ejecutar aplicaciones o reproducir un video con total movimiento a pantalla completa.

Las nuevas unidades Jaz son compatibles con los discos de 1 Gb y con los sistemas operativos de Windows y MAC.

ID-Photo

Este dispositivo para almacenar fotos ha sido creado por Sanyo en colaboración con Hitachi y Olympus. Se basa en la tecnología magneto-óptica y tiene una capacidad de almacenamiento muy elevada.

La gran ventaja de este formato es que permite almacenar hasta 730 Mb, lo que significa que puede guardar más de 10.000 imágenes y dos horas de video. Este soporte asegura la portabilidad de las imágenes almacenadas gracias a su tamaño y características físicas similares a las de un disquete. Además, destaca también por la rapidez de transferencia de los datos. Gracias a su estabilidad, resistencia y a su método de almacenamiento totalmente seguro, logra que disminuya el precio por bit almacenado. El soporte, presente en algunas cámaras como la IDC-1000ZEX, es muy útil para almacenar imágenes que pueden incorporarse a los bancos de imágenes tanto personales como profesionales.

Memory Stick

Este formato de memoria, diseñado y comercializado por Sony, tiene un aspecto similar al de un chicle y unas altas prestaciones. Ofrece una transferencia instantánea de datos entre una amplia variedad de productos de audio, video y ordenadores. Las tarjetas Memory Stick tienen una alta capacidad de almacenamiento ya que en una unidad de 8 Mb se puede almacenar la misma información que en 5 disquetes de 3,5". Sony suministra estas tarjetas en formatos que abarcan desde los 8 hasta los 128 Mb.

Este medio de grabación CI, basado en memoria relámpago, proporciona al usuario y al fotógrafo la seguridad de la conservación de los datos e imágenes, ya que dispone de una pestaña que evita que se pueda borrar o registrar nuevos datos. Asimismo, la duración de la información en perfectas condiciones está asegurada por su resistencia al calor y al polvo.

Las tarjetas Memory Stick tienen un peso ligero –4 gramos– y un tamaño compacto –21,5x50x2,8 mm–, por lo que se puede utilizar de manera sencilla sin ocupar espacio.

Miniature Card

Sus reducidas dimensiones –38x35x3,5 mm– y una capacidad de almacenamiento máxima de 64 Mb son las dos notas características de esta tarjeta.

Miniature Card apareció en el mercado en 1996 de la mano del fabricante Intel. Diseñada para almacenar imágenes, texto y voz es un elemento muy útil por su tamaño y capacidad para transferir imágenes a la PC o al portátil. La tecnología que utiliza está basada en la memoria Strata de Intel y tiene las mismas características técnicas que las tarjetas PCMCIA o de PC.

Este pequeño dispositivo sustituye como las otras tarjetas al carrete fotográfico de película y su baza frente a otros sistemas es su alta capacidad de almacenamiento en un mínimo espacio.

PCMCIA

Las tarjetas PCMCIA (tarjetas de memoria para computación personal), denominadas también tarjetas PC o

ATA, nacieron en 1989 para ampliar las posibilidades operativas de los ordenadores portátiles.

Hay tres tipos de PCMCIA de diferentes grosores: tipo I de 3 mm de espesor, tipo 2 de 5 mm y tipo III de 10,5 mm. Sin embargo, los tres tipos comparten las mismas dimensiones similares a las de una tarjeta de crédito –85,6x6x54 mm–.

Las PCMCIA del primer tipo son las que más se utilizan para memoria mientras que la del tipo II se usan también como fax-módem. Por su parte, las de tipo III son las más utilizadas para dispositivos inalámbricos y para discos duros que rotan.

Cuentan con este tipo de formato los principales fabricantes como Toshiba, IBM, Verbatim, Ricoh, TDK, Mitsubishi, Compaq, Intel, Nokia y Lexar.

Multimedia Card

La tarjeta Multimedia pesa menos de dos gramos y tiene la medida de un sello de correos –32x24x1,40 mm–. Este formato es capaz de almacenar hasta 1.500 páginas de texto a doble espacio o 30 minutos de mensajes de voz. Está especialmente diseñada para reproductores MP3, teléfonos móviles, cámaras de video y cámaras fotográficas digitales.

Una de sus principales ventajas es su bajo consumo de energía, lo que facilita su uso con los equipos portátiles.

Está disponible en diversas capacidades desde los 8 hasta los 64 Mb, aunque se prevé que se comercialicen en formatos de 128 Mb.

La tarjeta multimedia trabaja con un interfaz estándar, bajo MS DOS o Windows, y puede ser utilizada por equipos digitales futuros de más capacidad.

Entre los fabricantes que han introducido este formato en el mercado destacan Emtec, Pretec, Sandisk, Verbatim, Traxdata, entre otros.

Peerless

Este sistema, de reciente aparición en el mercado, utiliza tecnología magnética, al igual que los discos duros, para escribir y leer datos.

Iomega e IBM se han aliado para desarrollar este sistema basado en un elemento en forma de disco duro de 2 1/2" que utiliza cabezales GMR (Giant Magneto-Resistive) y consta de una o dos placas de vidrio liso recubierto con una sustancia magnética. Este sistema incorpora la tecnología basada en la unidad del disco duro del equipo portátil IBM Travelstar 20GN 2,5", lo que asegura entre otras ventajas una resistencia máxima frente a impactos y una sólida plataforma tecnológica en un disco sellado, fiable y robusto.

El cartucho tiene una capacidad de 10 o 20 Gb y se puede leer, escribir o borrar un número ilimitado de veces, de tal modo que permite gestionar y desarrollar los archivos gráficos, audio y video de mayor tamaño con la velocidad de un disco duro. Su utilización es muy sencilla, ya que se insertan en la estación que se conecta a la PC o Mac con la misma facilidad que se conecta un mouse. Otra de las ventajas de este sistema es la tecnología basada en chips para asegurar los datos frente a los accesos no autorizados.

Asimismo, permite su conexión en cualquier tipo de dispositivo ya que la estación está dotada de módulos de interfaz que pueden ser USB 1.1, FireWire (1394) o interfases SCSI y USB 2.0.

Pocket Zip

Estos discos –anteriormente denominados Clik!– se caracterizan por su capacidad de almacenamiento y por su portabilidad. Esta unidad fue desarrollada por Iomega y Citizen Watch Company, y se lanzó al mercado en 1999.

Sus dimensiones físicas –54,9x50,1x1,95 mm– facilitan su uso en cualquier parte, aunque este reducido tamaño no les reste capacidad. Un disco permite almacenar en sus 40 Mb la información equivalente a 25 presentaciones en Power Point y 70 minutos de música en formato MP3.

Los discos Pocket Zip están indicados para ordenadores portátiles, cámaras digitales y PDAS que almacenan archivos de texto, animaciones, gráficos, sonido e imágenes digitales y video.

Estos discos se pueden insertar en una ranura tipo II de un notebook o de cualquier portátil facilitando el desplazamiento del usuario.

SmartMedia

Este tipo de tarjetas tiene un tamaño bastante similar al de las tarjetas CompactFlash, aunque su diámetro es menor –0,76 mm–. Las SmartMedia permiten almacenar entre 2 y 128 Mb dependiendo de la capacidad de la tarjeta. Este sistema tiene una apariencia física similar al de un disquete pero está diseñado para que sea imposible introducirlas en su ranura en sentido contrario.

Su principal ventaja frente a las tarjetas CompactFlash es su precio menor. Este tipo de tarjetas son muy ligeras –pesan sólo 2 gramos– y están diseñadas para utilizarlas en cámaras digitales y en otros dispositivos como los ordenadores de mano o PDA.

El sistema de funcionamiento de la tarjeta también difiere de otros sistemas de almacenamiento, en este caso la tarjeta depende de un microcontrolador y de un software del equipo donde se inserte.

Los principales fabricantes que incorporan este formato son Nikon, Philips, Minolta, Toshiba, Ricoh, Sanyo, Samsung, Leica, Lexar, Kyocera, etc.

Secure Disk

Esta tarjeta es similar a un sello de correos –24x32x2,1 mm– y permite almacenar hasta 64 Mb. Este sistema, que nació como fruto de la colaboración entre SanDisk, Toshiba y Matushita

Electronic, está constituido por memorias flash, lo que garantiza el almacenamiento de datos de gran variedad de productos.

Este dispositivo presenta varias ventajas como la rápida velocidad de transferencia de los datos –10Mb/seg– y su alta seguridad, ya que, al ser una memoria no volátil, aunque se agoten las baterías no se pierden los datos almacenados.

Este formato puede utilizarse con todos los equipos que tengan una ranura adecuada para poder introducir la tarjeta.

Secure Disk cuenta con el respaldo de numerosas marcas que están introduciendo en sus productos puertos para ella, tales como Canon, Casio, JVC, LG Electronics, Pretec, Palm, Sharp y Toshiba.

Zip

Estas unidades aparecieron en el mercado de la mano de Iomega en 1995 y gracias a su alta capacidad de almacenamiento enseguida se convirtieron en un formato popular y reconocido. Estos discos evolucionaron desde su capacidad inicial de 64 Mb hasta los 100 Mb, cuya capacidad equivale a 70 disquetes. Actualmente se comercializan en un formato de 250 Mb equivalente a 170 disquetes.

Por su alta portabilidad y capacidad son una alternativa al clásico disquete. Su alta aceptación se ha traducido en 40 millones de unidades y 240 millones de discos vendidos.

Los zip son muy útiles para organizar el trabajo y para compartir los archivos ya que permiten almacenar imágenes y otros archivos MP3.

Los usuarios pueden utilizarlos tanto en MAC como en PC.

Capítulo V
Consejos prácticos

CONSEJOS PRÁCTICOS PARA OPTIMIZAR LA CAPTURA

Mantener fija la cámara

Si mueve la cámara al disparar, las fotos saldrán borrosas. Sujete la cámara firmemente con ambas manos, con los brazos cerca al cuerpo. Dispare con suavidad y obtendrá fotos con buena definición.

Acérquese

Si duda, acérquese. Acercarse al sujeto es quizás el paso más importante para mejorar sus fotos. Asegúrese de que la foto parezca decir "Este es el sujeto". Haga que un tercio o más del espacio lo ocupe el sujeto en la foto.

Evite que el fondo distraiga

A través del visor, observe la escena antes de disparar. Cambie de lugar hasta eliminar lo que distraiga del fondo. Procure usar el cielo o el césped como fondo.

Capte sujetos ocupados

Fotografíe a las personas cuando estén haciendo algo en su ambiente natural. Capte a un niño absorto en su trabajo o un adulto tallando un objeto de madera o haciendo alguna labor cotidiana. Hábleles para tenerlos tranquilos. Pregúnteles sobre lo que están haciendo. Así los sujetos estarán relajados, sin poses forzadas.

Haga la composición de su tema

Estudie la escena. No ubique al sujeto en el centro de la fotografía. Cuando haga tomas panorámicas incluya líneas notorias, como los bordes de la vereda, una cerca o un arroyo, para atraer la atención a algo.

Cuide la iluminación

La luz de la escena puede cambiar drásticamente la foto. Estudie la iluminación antes de hacer la toma: los tonos dorados del atardecer o los púrpura. Vea cómo afecta al sujeto la dirección de la luz. La luz frontal (con el sol detrás de usted) permite hacer tomas seguras, brillantes; la toma a contraluz (con el sol detrás del sujeto) es útil para siluetas; y la luz lateral (con el sujeto recibiendo la luz de lado) es buena para realzar la textura del sujeto.

Busque el mejor ángulo

No se quede parado. Cuanto más se flexione y estire para encontrar el ángulo correcto, mejor saldrán sus fotos. Considere varios ángulos para su toma. Arrodíllese o tiéndase en el suelo para captar flores en primer plano o para quedar cara a cara con el sujeto. Tome fotos desde puntos altos para tener diferentes puntos de vista.

Capture la acción

La acción abunda: puede encontrar a alguien que al patinar se sostenga en el aire con una mano en la rampa, a un arquero en plena acción, a una gaviota volando al ras del agua. Use película de alta sensibilidad (ASA 400) y una velocidad rápida de 500 o 1000 para congelar una acción rápida. Dispare justamente antes de que ocurra la acción.

El parasol

Cuando los rayos del sol o de cualquier otra fuente luminosa inciden lateralmente sobre nuestro objetivo, pueden producir efectos de refracción indeseados en nuestro sistema de lentes. La iluminación lateral siempre ha sido peligrosa. Incluso las paredes del objetivo, aunque barnizadas de negro, a veces no consiguen eliminar de forma total esa luz perjudicial.

Es por eso que utilizaremos, en la medida de lo posible, el denominado parasol, pues también sirve para proteger al objetivo de gotas de lluvia, nieve o arena.

Suelen ser de goma, plástico o metálicos, e incluso algunos objetivos o lentes suplementarias, lo llevan incorporado.

Sirve apuntar que existe una lente adicional llamada DUTO, en honor a su descubridor —el húngaro Jenö Dulovits y a la localidad donde se fabricó, Toth— que dispone de unos anillos concéntricos grabados en el cristal que desvían la luz incidente.

CONSEJOS PRÁCTICOS PARA MEJORAR LAS IMÁGENES

(Agradecemos a la fotógrafa Laura Pribluda por su colaboración en este capítulo.)

Una fotografía es simplemente el relato de una escena.

Así como uno elige el lápiz, el papel, las palabras, la puntuación para contar una historia y darle un carácter específico, en la fotografía sucede algo similar.

Existen tres conceptos básicos de iluminación: dirección, calidad y cantidad.

La dirección: la luz se propaga siempre en línea recta y al encontrarse con un objeto dibuja las sombras. La calidad puede ser directa, reflejada o tamizada. La cantidad es la intensidad.

Cuando nos encontramos ante una situación que por alguna razón nos seduce y queremos capturarla, debemos encontrar la herramienta adecuada, la cámara, con la cual tenemos que sentirnos cómodos. Debemos tomarla con firmeza, ya que todas las cámaras están diseñadas para ser calzadas sobre la base del pulgar de la mano derecha. Con ese mismo dedo podemos mover la manija o perilla que hace avanzar la película, y con el índice accionar el disparador.

Con la mano izquierda se manejan los aros que están en el objetivo, los cuales determinan la apertura del diafragma y el foco de la imagen. Poner en foco significa ver la imagen nítida.

Por lo general, las cámaras reflex tienen un sistema de enfoque que se llama "de imagen partida"; cuando miramos a través del visor aparece en el centro del cuadro un círculo con una línea que lo divide al medio horizontalmente. Allí es necesario buscar una línea recta en lo que queremos fotografiar (en los retratos se usa como referencia la nariz) y hacer que esa línea se mantenga entera.

La elección de dónde poner el foco es muy subjetiva y tiene que ver con lo que queremos contar. La zona de la foto que va a tener foco se denomina "profundidad de campo" y la determina la apertura del diafragma. Cuanto mayor sea la apertura, menor será la profundidad de campo. En un rostro bastaría una gran apertura, como 2.8, para tener foco en la nariz y en los ojos, y fuera de foco el pelo.

Esa apertura no nos serviría, por ejemplo, para fotografiar un paisaje, donde sería recomendable utilizar una apertura menor (11 o 16).

El número de la apertura (denominado "f") se determina por relación directa con la velocidad que uno quiere usar ("v").

La velocidad es el tiempo medido en milésimas de segundo en el que la cortina se abre y se cierra dentro de la cámara y deja pasar la luz para que se impregne en la película sensible.

Para que una foto no salga movida la velocidad en número no puede ser menor al número de objetivo que vamos a usar.

Dentro de la cámara existe un fotómetro que hace un promedio de la luz. Cuando decidimos alguna de las variables (el tiempo o la apertura) el fotómetro nos indica si estamos en la exposición correcta.

Para que el fotómetro pueda trabajar correctamente tenemos que indicarle la película con la que estamos trabajando.

La película es el soporte sensible sobre el cual va a imprimirse la imagen. Existen diversas sensibilidades.

Una película es más sensible cuanto más alto es el número de ISO. Cuanto más sensible es, en condiciones de menor cantidad de luz, podremos captar mejor una escena.

Por ejemplo: el momento en que soplan las velas de una torta de cumpleaños se puede tomar con una película de ISO 800, y un paisaje en un día de verano con una de ISO 100.

En resumen, los pasos a seguir serían

1. Observar la luz que tenemos en la escena que nos gusta.

2. Elegir la película con la sensibilidad adecuada y poner ese dato en la cámara.

3. Priorizar dónde queremos poner el foco para luego determinar la velocidad y apertura del diafragma.

4. Verificar con el fotómetro si la exposición es correcta. (No todas las fotos son posibles. Todo depende de las condiciones de la luz.)

Recomiendo jugar con todas estas variables y experimentar con los resultados.

Consejos prácticos
para elegir accesorios

El fotómetro

Existen reglas sencillas con las cuales podemos calcular los tiempos de exposición. También existen tablas con dichos valores. Y por supuesto, el fotómetro que incorporan las cámaras para medir la luz.

Sin embargo, esta medición es falsa, pues la luminosidad que llega a la cámara no es la que incide en el objeto. Por esto, con el fotómetro independiente, sobre todo en retratos, obtenemos una medición real de una zona concreta. En el caso de un retrato, lo acercaremos a la cara de la persona a retratar para obtener una medición exacta de la luz incidente en ella.

Todos hemos visto a los fotógrafos profesionales y las cámaras de televisión, donde es tan importante el cálculo exacto de la luminosidad, utilizar un fotómetro independiente para saber la luz exacta en cada rincón de la escena.

El trípode

El trípode es un accesorio con tres patas (tres puntos de apoyo) que permite mantener la cámara fotográfica completamente estática. Suelen tener una zapata de acople rápido, que se ajusta a la cámara con una rosca, para dejarla permanentemente en ella y así acoplar la cámara rápidamente al trípode sin tener que enroscarla. Permite girar la cámara vertical y horizontalmente así como moverla en altura.

El trípode es necesario:

- Con exposiciones largas (desde 1/30 segundos aproximadamente).
- Al usar teleobjetivos. Hay que tener en cuenta que un ligero movimiento en la cámara supone un movimiento muy grande en el sujeto enfocado a gran distancia.
- Con exposiciones múltiples, si se quiere hacer coincidir el fondo.
- Al usar el autodisparo. Así nadie tiene que sujetar la cámara.
- Cuando se quiere hacer fotografías con el mismo encuadre.

Es recomendable que el trípode sea pesado y estable para conseguir que la cámara esté completamente quieta. Si se prefiere uno ligero, se recomienda utilizar un disparador para no mover la cámara en el momento de apretar el botón del obturador.

El disparador

El disparador es un accesorio que nos permite efectuar un disparo sin afectar al movimiento de la cámara cuando utilizamos un trípode.

Los primeros, y los más utilizados, constaban de un cable, de longitud media, con un botón en un extremo y una rosca en el otro, la cual se insertaba en el pulsador de disparo del obturador.

A estos les siguieron los disparadores electrónicos por control remoto, que afectaban aun menos al movimiento de la cámara.

Este es el tipo de disparadores que se utilizan en las cámaras SLR automáticas.

En las cámaras SLR hay un modo de tiempo de exposición llamado BULB el cual permite mantener el obturador abierto mientras se pulsa el disparador. Este es el caso de fotografías nocturnas, de tormentas o de fuegos artificiales.

Los filtros

Los filtros son cristales con los que conseguimos diferentes efectos finales sobre la fotografía.

Van montados en la parte frontal del objetivo por medio de una rosca denominada "rosca portalibros" y, en algunas cámaras, con enganche a bayoneta. También existe un sistema que utiliza un marco universal que se acopla por medio de una rosca al objetivo. Este es el sistema de Cokin.

Hay filtros que modifican los colores, la luz, el enfoque de la fotografía, el contraste, o incluyen efectos especiales.

Los filtros podemos clasificarlos en grandes grupos:
- De contraste para Blanco y Negro.
- De corrección color.
- Polarizador.
- De efectos especiales.
- Lentes de acercamiento.

Es importante equipar a todos los objetivos con un filtro UV o skylight, que protege los objetivos de los rayos ultravioleta, de los golpes y del polvo. No tienen efecto negativo sobre la exposición ni los colores, al contrario, contrastan ligeramente los mismos. Los filtros de contraste para blanco y negro contrastan más algunos colores, de forma que no queden grises en la imagen en blanco y negro, logrando así que destaquen sobre otros colores. Los filtros de correción de color modifican el color de la imagen.

Existen filtros de varios colores, los cuales se pueden combinar para colorear zonas de la imagen.

Los de efectos especiales crean rastros de niebla, difuminado, viñetas, estrella, etc.

El polarizador

El filtro polarizador reduce reflejos indeseados de superficies, como agua y ventanas. También proporciona al color más profundidad e intensidad, oscureciendo el azul del cielo e incrementando la saturación del color en toda la escena.

El polarizador consta de dos cristales. Al enroscarlo en el objetivo el cristal interno queda fijo, permitiendo girar el cristal externo. Según se gira el cristal externo los reflejos van reduciéndose.

Lentes de acercamiento

Las lentes de acercamiento no modifican la distancia como el zoom, sino que permiten disminuir la distancia mínima de un objetivo. Sólo sirven para fotografiar objetos a corta distancia, como flores, insectos, etc.

Se pueden utilizar varias lentes superpuestas, reduciendo aproximadamente a la mitad la distancia mínima por cada lente.

CONSEJOS PRÁCTICOS PARA EL MANTENIMIENTO

Una de las grandes preocupaciones de los fotógrafos que utilizan equipos digitales son las baterías.

Las consecuencias de la captura digital y el uso de las pantallas de LCD constante hacen de las cámaras digitales unas "bestias hambrientas de energía". Es el precio que se paga por no tener que recargar la cámara con rollos cada 36 fotos.

La mayoría de los equipos de segunda generación (1999-2000) utilizan baterías AA, pero si usted intenta usar las pilas normales que se compran en supermercados, mejor piénselo dos veces. Con estas pilas tendrá suerte si alcanza para llenar una tarjeta de memoria con un set de imágenes.

Si su cámara acepta baterías AA, la recomendación es que utilice las NIMH recargables (alcalinas) que tendrán mucha mayor duración.

Más recientemente (del 2000 en adelante) los fabricantes han lanzado equipos con baterías de Litio-Ion / NIMH que pueden ser recargadas externa o internamente. La vida de estas baterías depende de su capacidad, aunque varían entre 8 a 16 veces mayor capacidad que las pilas comunes.

Veamos las diferentes clases de baterías existentes:

NICD

Las baterías de niquel-cadmio son probablemente las más comunes y robustas de las recargables. Pueden ser recargadas unas setecientas veces. Estas baterías sufren del "efecto memoria" (explicado en este capítulo), lo cual significa que deberán ser totalmente descargadas antes de volver a cargarlas. Recomendamos la utilización de las NICD como baterías de respaldo.

NIMH

Las baterías NIMH (Nickel Metal Hydride) son las más populares de las recargables entre los usuarios de cámaras digitales. Ofrecen alrededor de un 40% más de capacidad que las NICD y además no sufren del "efecto memoria", es decir que pueden ser recargadas en cualquier momento.

Sin embargo, sólo resisten a unas 450 / 500 recargas. Otra desventaja es que estas baterías pierden cerca de un 5% de su carga por día aunque no se las utilice.

Lithium-Ion

Estas son normalmente el estándar entre los llamados "battery packs", como los utilizados por SONY en sus equipos.

Las baterías Lithium-Ion ofrecen cerca del doble de capacidad que una similar de NIMH, aunque requieren su propio cargador que suele ser muy caro (desafortunadamente no existen estas baterías en formato AA).

Soportan alrededor de 500 ciclos de carga y descarga.

Efecto memoria

Decíamos que cargar baterías NICD antes de que estén completamente descargadas reduce la capacidad de próximas cargas.

A medida que este efecto se incrementa, cuando repetimos las recargas, se dice que la batería sufre de "efecto memoria".

La acumulación de burbujas de gas en las placas que han sido parcialmente descargadas reducen el área de carga de la misma y por lo tanto su capacidad. Para evitar el "efecto memoria" recomendamos siempre verificar que las baterías estén en cero antes de volver a cargarlas. Algunos cargadores poseen un botón ("discharge" o "recondition") que descarga por completo la batería para extender la vida útil de la misma.

Capítulo VI
Lo nuevo

VIDEOCÁMARAS DIGITALES

Las videocámaras digitales almacenan en formato binario la información de video que registran. Por lo tanto esos datos podrán ser tratados por un ordenador de la misma forma que con una tarjeta de captura de video se puede digitalizar la señal analógica de una cámara.

El video digital de una cámara digital podrá ser tratado de igual forma o mejor, ya que nos hemos saltado el proceso de digitalización. La señal es digital desde origen. Pero técnicamente existen algunos problemas que resolver. El principal problema existente es la cantidad de datos que contiene el video digital. Pasar esa información a una PC por métodos convencionales, usando puertos serie RS-232, paralelo o USB, podría eternizar el proceso.

MINIDV

Por eso, los fabricantes desarrollaron un estándar para este menester: las videocámaras digitales DV y mini DV (mini digital video).

Las mismas vienen dotadas de un puerto de conexión especial, denominado IEEE-1394, que permite pasar datos de la videocámara digital u otro aparato DV al ordenador, y viceversa, en tiempo real.

Lo de "en tiempo real" es muy importante, ya que la velocidad mínima necesaria para trabajar con video en formato DV es de 3,6 Mb/seg. Por lo que también es recomendable trabajar con discos duros de alta capacidad y velocidad mantenida de 5 Mb/seg como mínimo.

Un disco SCSI de 16 Gb o más sería lo indicado para comenzar a trabajar con secuencias de video de 30 minutos de promedio. Por consiguiente, lo que necesita es adquirir un dispositivo IEEE-1394 que le permita conectar la videocámara digital al ordenador.

De esta manera puede no sólo digitalizar el video, sino también volcar las ediciones realizadas a la videocámara manteniendo la excelente calidad de este formato.

EL FORMATO DV

Uno de los principales artífices de la existencia de la videocámaras digitales es la tecnología digital 4:2:0, que permite obtener imágenes de alta resolución con más de 500 líneas horizontales, frente a las 240 que se consiguen con cámaras analógicas convencionales.

Además, la tecnología digital empleada se caracteriza por obtener una mayor brillantez y limpieza en la imagen, así como una gama cromática muy superior, con aproximadamente tres veces el ancho de banda del video convencional.

Por otro lado, el tratamiento digital de la imagen aporta también otras ventajas, como la posibilidad de aplicar sobre la marcha efectos especiales más impactantes y de mayor calidad. Incluso, algunas cámaras permiten pequeñas funciones de edición directamente en el dispositivo. También el sonido gana en calidad, ajustándose al estándar PCM estéreo.

Otro de los cambios introducidos en estos modelos es la adopción de cintas de grabación de formato MiniDV, o lo que es lo mismo Mini Video Digital. Se trata de un soporte de muy reducidas dimensiones, aproximadamente doce veces menor que una VHS convencional, lo que permite la construcción de cámaras más compactas y ligeras, incluso más que las basadas en el formato Hi8.

El problema de la interfaz

Decíamos que el principal problema con el que nos encontramos con la videocámaras digitales hace referencia al método de conexión necesario para transferir un video al ordenador. La única solución para solventar este problema es el uso del conocido estándar IEEE-1394, cuya denominación popular es FireWire. Esta conexión tiene cualidades similares a USB en el sentido de la sencillez de instalación de los dispositivos, los cuales se pueden conectar con el sistema encendido.

FireWire permite una velocidad de transferencia de 400 Mb por segundo, frente a 1,5 Mb de la interfaz USB. Esta velocidad de trabajo permite transferir los videos en tiempo real. Al conectar la cámara al sistema, y utilizando un software adecuado, podrá controlarla desde él, rebobinando, reproduciendo, capturando, etc., como si estuviese empleando los controles propios de la cámara.

A través de su PC verá exactamente lo mismo que se observa en la pantalla de la videocámara y con la misma velocidad.

Entre los modelos que la utilizan hay que distinguir un aspecto muy importante que hace referencia al tipo de interfaz: de salida (OUT) o de salida y entrada (O/I).

En el primer caso, estará capacitado para transferir el video desde la cámara hasta el ordenador y editarlo como quiera, pero si no tiene una tarjeta que aporta una salida de video como las S-Video, no podrá transferir el resultado de su trabajo a una cinta de video convencional. Simplemente podrá grabarlo en un CD, extraer videoclips para enviarlos por correo electrónico, etc.

Sin embargo, en los modelos en los que la interfaz es de entada y salida, una vez editado el video puede transferirlo a la videocámara y guardarlo en la cinta MiniDV.

Así, le será más sencillo transferirlo a una VHS, verlo directamente en el televisor, etc.

No obstante, hay que decir que los modelos que soportan la interfaz con salida y entrada son algo más costosos, pero sin duda más versátiles.

En las líneas anteriores hemos visto dos términos que pueden prestarse a confusión: IEEE-1394 y FireWire. El primero corresponde al código original de la agencia que ha establecido el estándar y que no es otra que la IEEE (Institute of Electrical and Electronics Engineers o Instituto de Ingenieros Eléctricos y Electrónicos), responsable de multitud de estándares en el mundo informático. Por su parte, FireWire (Cable de Fuego) es el nombre con el que se le ha bautizado en el entorno informático.

Cuando busque una videocámara digital encontrará que entre sus características se indica que el método de conexión con el ordenador será la interfaz i–Link, incluso el DV (Digital Video). Ambos son lo mismo que IEEE-1394. Simplemente es la forma de denominarlos en el mundo de las videocámaras. Las características son las mismas y soportan plenamente todas las especificaciones del estándar.

Aclarado este punto, hablemos de la disponibilidad de la interfaz. No es habitual que los equipos nuevos lo incorporen, salvo en configuraciones muy especiales e incluso en ellas utilizando una tarjeta PCI. Más fácil es el escenario de los usuarios de equipos Macintosh®, ya que Apple® apostó desde el principio por esta conexión incorporándola de forma estándar en muchos de sus modelos, como el iMac DV.

Afortunadamente, son ya muchas las posibilidades que encontrará en el mercado para añadir esta cualidad a su sistema y con un precio muy adecuado. Este tipo de tarjetas se caracterizan por ser muy sencillas de instalar y configurar, y por aportar varios conectores, lo que le permitirá amortizar la inversión incorporando a su sistema nuevos dispositivos que empleen esta interfaz como grabadoras externas de CD, discos removibles, cámaras digitales y, en definitiva, cualquier periférico que necesite una elevada velocidad para mover grandes cantidades de información.

CARACTERÍSTICAS DEL DVD

El DVD se ha convertido en uno de los medios favoritos para la distribución de video, debido en parte a su facilidad para la distribución comercial, pero también a sus grandes ventajas técnicas:

- Permite almacenar entre 2 y 4 horas de video, comprimido en MPEG-2 o MPEG-1.
- Se pueden incluir múltiples ángulos en múltiples pistas de video (9 capas).
- Múltiples pistas de audio (8 stream) que pueden estar en PCM, Dolby Digital, MPEG-2 y DTS.
- Múltiples subtítulos (32 pistas).
- Comandos de navegación, ramificaciones / derivaciones.
- Control de contenido.
- Codificación regional o zonificación.
- Protección de copia analógica y digital.
- Bloqueo para niños.

¿Por qué es el formato más popular? Debido a que se vendieron 11 millones de unidades en tan sólo tres años y medio, cantidad que le demandó siete años al CD y ocho al VHS.

Los tipos de DVD que existen actualmente en el mercado son:
- DVD ROM (disco físico y sistema de archivos)
- DVD video (especificaciones electrónicas para video interactivo)
- DVD audio (especificaciones electrónicas para la mejor calidad en audio disponible)
- eDVD (DVD video con contenido de base HTML para la conectividad con la web)
- CDVD (es como el DVD video pero grabado en un CD)

Las cámaras DVD son las que graban las imágenes en un disco DVD, lo cual les permite disponer de una enorme capacidad de almacenamiento. Estas imágenes se comprimen utilizando el formato MPEG-2 y pueden ser proyectadas en cualquier reproductor DVD sin tener que conectar la cámara a la PC.

CÁMARAS MPEG

Luego de la masiva popularidad del formato MPEG (Motion Picture Engineers Group) a partir de las disputas producidas por la difusión de música en MP3 (basado en este estándar) comenzaron a aparecer en el mercado cámaras digitales que graban imágenes y las codifican en tiempo real con el algoritmo MPEG, dejando atrás las cintas magnéticas y recurriendo a los discos rígidos internos. Los equipos más recientes permiten almacenar hasta 25 minutos de video, 3000 fotos en formato JPEG o alrededor de 1000 clips de 10 segundos (imagen y sonido).

Lo interesante de estos equipos es que las grabaciones pueden transferirse directamente a la PC para su reproducción o edición.

Estas cámaras vienen equipadas en su interior con procesadores que realizan la compresión y descompresión MPEG, por lo que no necesitaremos costosas placas adicionales para editar el video.

LO NUEVO

A continuación les presentamos algunos equipos digitales de fotografía y video.

Panasonic presenta la NV-MX1000 y MX2500, esta última con 3 CCD de 380K x 3.
La MX1000 tiene un solo CCD 1.020M pixels. Las lentes son Leica Dicomar.

Es el Sony GR-DV1000, un video miniDV Walkman con lector de memory stick integrado, USB, DV in/out, s-video in/out y audio in/out. La pantalla es de 123K pixels de resolución. Permite grabar en MPEG-1 sobre el memory stick.

Impresionante DVCAM de Sony DSR-570 y DSR-370, disponibles en enero de 2002.

CCD de 2/3" y 520K pixels (cada uno de los tres que lleva).

La 370 los lleva de 1/2".

Para más información
http://www.sony.co.jp/sd/CorporateCruise/Press/200110/01-1018/

Panasonic presenta la MX2B y la MX8B, ambas con lentes Leica Dicomar y CCD de 1M pixel.

La MX8B lleva 8M de SD Card (modo foto de 1280*960 pixels), USB, dv-in/out y analog-in.

Samsung presenta un par de modelos tipo "espía".

Son el VP-D130 y 190. Incorporan un CCD de 800K pixels, y la 190 tiene DV-in.

Más informes
http://www.samsung.com

Modelo JVC DY-DV300, para el mercado profesional, con 3 CCD de 440.000 pixels cada uno.

Más información en la página
http://www.abcdv.com/shooting/jvc/gydv300/introduction.html

Modelo Panasonic EX21, cámara que se separa en dos cuerpos según la necesidad: como cámara de video o como cámara de fotos. Lentes Leica Dicomar. CCD de 1.08M pixels, Blueetooth para transferencia de fotos y una buena cantidad de accesorios.

También graba en MPEG-4 sobre la tarjeta multimedia.

Canon MV4, sustituta de la Canon MV3, en USA se llama Elura10 y 20 (la 20 con tarjeta multimedia). En Japón se llama IXY DV2.

Se parece mucho a la anterior y las especificaciones son prácticamente iguales. Tiene un modo de grabación super LP que triplica la duración de las cintas (a costa de compatibilidad y fiabilidad). Existe en versión "I" con DV-in y analog-in.

Sony PC120, con el CCD mejorado que monta la TRV-30, el de 1.55 Megapixels.

Por lo demás, parece idéntica a la PC110.

Sony presenta esta cámara, la SONY IP7, mitad cámara mitad navegador de internet, en plan convergencia video-palm pilot. También disponible la IP5.

Cintas menores que las miniDV (micromv), formato de grabación MPEG-2, interfases Firewire y Blueetoth, navegador de Internet incorporado, etc.

Más información

http://www.letsgodigital.nl/webpages/news/df/sony/dcr.html

Apéndice
Glosario temático

CÁMARAS

AF (Assist Flash)

Algunos fabricantes incorporan en sus cámaras una pequeña lámpara (usualmente localizada en el frente del equipo, por sobre el lente), la cual se utiliza para iluminar escenas de poca luz. Esta lámpara asiste al sistema de foco de la cámara en situaciones en las que por falta de luz el mismo fallaría en la definición del sujeto. Estas lámparas trabajan bien en rangos de distancia cortos, alrededor de 4 los metros. Equipos como Canon 550EX y Nikon SB-28DX poseen sistemas de flash más avanzados, con rangos de distancia superiores. Algunas lámparas utilizan luz infrarroja en lugar de luz visible lo cual es mejor para situaciones donde no se quiere perturbar al sujeto a fotografiar (teatro, espectáculos en vivo, etc.).

AF Servo (Autofocus Servo)

Autofocus Servo es la habilidad que tienen las cámaras de hacer foco continuamente en un sujeto móvil. Esta característica técnica se encuentra generalmente en cámaras profesionales.

El Autofocus es una herramienta muy utilizada por fotógrafos de deportes y actividades donde la escena cambia y se mueve constantemente.

Autofocus Servo se activa normalmente pasando a modo "Continuous" (en Nikon) o "AI Servo" (Canon), y mientras presionemos hasta la mitad el disparador, la cámara intentará hacer foco en cualquier sujeto que encuadremos hasta que disparemos (presionando totalmente el disparador).

Buffer

El "buffer" es el espacio de memoria RAM (Random Access Memory) donde se almacenan temporalmente las imágenes antes de ser guardadas en un soporte definitivo (generalmente tarjetas magnéticas o "memory cards").

El propósito del buffer es acelerar el tiempo entre tomas y permitir a la cámara disparar continuamente.

Las primeras digicámaras no tenían buffer, lo cual significaba que, después de tomar una foto, había que esperar unos segundos (a veces minutos) hasta que la imagen se guardara en soporte magnético.

La mayoría de las cámaras modernas (especialmente las de nivel profesional) están equipadas con buffers de gran capacidad, lo que les permite operar tan rápidamente como las cámaras compactas de filme, mientras el proceso de almacenamiento en la tarjeta de memoria se realiza paralelamente, sin interrumpir la posibilidad de seguir tomando fotos.

Burst (tomas continuas)

Burst es el modo en que se denomina la habilidad de tomar fotos sin interrupción, similar a las cámaras tradicionales que poseen un pequeño motor que pasa la película luego de cada toma.

La velocidad y número de tomas posibles difiere de una cámara a otra, aunque la mayoría de los equipos de nivel semiprofesional pueden disparar 3 fps (cuadros por segundo) en resolución media y un promedio de 6 fps en alta resolución.

Para aquellos fotógrafos profesionales (generalmente cronistas deportivos) que requieran mayor capacidad de "burst", recomedamos equipos como Nikon D1 (4.5 a 21 fps) o la serie DCS de Kodak (3.5 a 12 fps).

Conectividad

Al mencionar la conectividad de una cámara digital nos estamos refiriendo al modo en que la misma puede ser vinculada con otros dispositivos con el propósito de intercambiar datos, transferir imágenes, imprimirlas o manejar remotamente algunas funciones.

Transferencia de imágenes

Las primeras digicámaras utilizaban el tipo de conexión RS232 (también llamado "serial" y muy popular en antiguas impresoras) para transferir las imágenes desde la memoria interna hacia dispositivos externos (generalmente computadoras). Afortunadamente, a partir de 1999 los fabricantes comenzaron a incorporar vías de conectividad más flexibles y rápidas que la RS232, llegando al método más popular en estos días entre los equipos de consumo masivo, semiprofesionales y profesionales: el puerto USB.

USB significa "universal serial bus" y es un estándar de conectividad adoptado por las plataformas PC y Mac y soportado por la mayoría de los periféricos disponibles en el mercado.

El índice de transferencia de USB es de 500 Kb por segundo.

Existe un método de conectividad más moderno que es encontrado sólo en algunas cámaras profesionales: Firewire, el cual ofrece niveles de transferencia altamente superiores pero exige que la computadora a la que se conecta también posea un puerto Firewire.

Estos son los índices de transferencia según el dispositivo y el método de conectividad:

Dispositivo / método	Índice de transferencia aproximada
Cámara digital / USB	350 KB/s
Cámara digital / Firewire	500 KB/s
Lector de tarjeta / USB	500 KB/s
Lector Lexar Media Jump / USB	780 KB/s
Lector tarjeta / SCSI	1,000 KB/s
Adaptador PCMCIA (notebook)	1,300 KB/s
Lector tarjeta / Firewire	2,200 KB/s

CFA (Color Filter Array)

Los fotodiodos, esos pequeños materiales sensibles a la luz utilizados para medir la cantidad de luz que ingresa a los pixels del sensor de la cámara, son esencialmente monocromáticos, es decir que no pueden distinguir las diferencias de color de la luz que ingresa. Para producir imágenes de color es que las cámaras poseen un CFA (Color Filter Array) delante del sensor monocromático.

El trabajo del CFA es discriminar la luz que ingresa en tres canales (rojo, verde y azul) para luego componer la imagen en color.

Conversor analógico-digital (AD Conversor)

En los sistemas de imagen de las cámaras digitales el dispositivo de captura es el sensor (CCD / CMOS) que, al recibir intensidades de luz, produce señales de tensión (voltaje), las cuales son amplificadas y procesadas por el conversor analógico-digital (CAD).

Los valores que genera el CAD representan la cantidad de luz capturada por cada photosito (pixel) en el sensor.

La mayoría de las cámaras de consumo masivo tienen CAD s de 8-bit, lo que significa que pueden existir 256 (2 elevado a la 8) niveles de brillo para cada pixel, mientras que equipos más nuevos de uso profesional poseen CAD s de 10 o 12 bits los cuales permiten codificar la misma información utilizando 1024 o 4096 niveles de brillo.

Existe una relación entre la resolución de los sensores de las cámaras y los CAD s que determinarán el rango dinámico del equipo (véase "rango dinámico").

Entre los equipos de mayor rango dinámico que poseen CAD s muy sofisticados encontramos el Kodak Pro DCS, Nikon D1, Fujifilm S1 Pro y Canon D30. Estos equipos utilizan el formato de archivos RAW, el cual les permite almacenar información en 10/12 bits.

DPOF

DPOF (Digital Print Order Format) es un sistema que permite a los dispositivos de captura digital (scaners, cámaras digitales, etc.) definir ciertas variables en cada una de las imágenes que luego serán enviadas a dispositivos de impresión.

DPOF es usualmente implementado a través del menú de opciones de la cámara digital, y permite almacenar junto a cada imagen detalles como la cantidad de copias que se imprimirán, el tamaño, etcétera.

EXIF (Exchangeable Image File)

EXIF es un formato de archivos desarrollado por JEIDA (Japan Electronic Industry Development Association).

Debido a que EXIF está basado en el formato JPEG, es compatible con cualquier dispositivo capaz de leer el estándar JPEG (incluyendo web browsers).

Lag Time

Probablemente una de las quejas más habituales entre los usuarios de cámaras digitales es el denominado "lag time" o tiempo de espera entre el momento en que se presiona el obturador y el que la cámara toma la foto.

Esta demora varía según el equipo y, si bien todavía es notorio en ciertas cámaras, los fabricantes están mejorando sus modelos para acortar estos tiempos a valores menos notorios.

LCD (pantallas de cristal líquido)

El LCD (Liquid Crystal Display) de una cámara digital es la pantalla multipropósito utilizada para ver imágenes en memoria, el menú de opciones, ajustar valores de luz y exposición, etc. Muchas digicámaras permiten utilizar esta pantalla LCD para ver pequeñas capturas de video (dependiendo de la calidad y modelo del equipo).

Las pantallas son de distintas formas y tamaños, aunque en la mayoría miden entre 1.5 y 2.0 pulgadas diagonales utilizando tecnología TFT.

Las de mayor calidad poseen coberturas antirreflectivas para evitar que la luz del sol impida ver mediciones (como las de Sony DSC-F505, F505V).

Algunas de estas pantallas pueden extraerse horizontalmente de la cámara (como en las cámaras de video) y giradas en ángulos variables para facilitar tomas complejas.

Pixels activos (effective pixels)

La mayoría de los fabricantes utilizan el número total de pixels del sensor (CCD) para indicar la resolución de sus cámaras digitales. Sin embargo, la verdadera cuenta no debiera hacerse con los pixels existentes sino con los que llegan a captar luz (llamados "pixels activos").

El sensor de una cámara tiene cuatro mediciones de sus pixels, como vemos en el siguiente cuadro tomado de las características técnicas de la cámara Sony ICX252AQ 3.34 megapixel

Número total de pixels	2140 x 1560 (3.34M)
Número de pixels de lectura	2088 x 1550 (3.24M)
Número de pixels activos	2080 x 1542 (3.21M)
Área recomendada de captura	2048 x 1536 (3.14M)

Como podemos apreciar, la cámara no captura imágenes utilizando el número total de pixels del sensor.

El motivo de esta limitación tiene que ver con una franja externa del sensor que está cubierta por una máscara negra (conocida como "Video Signal Shading") y que es la referencia del negro necesaria para tener el valor base constante de la ausencia de luz (de este modo se logra que los pixels sean completamente negros cuando es necesario).

Sugerencia

Siempre que analice las especificaciones de equipos observe el número de pixels totales del sensor y el de pixels activos, ya que en algunos equipos las diferencias pueden ser significativas.

Sensor (CCD / CMOS)

El sensor CCD (Charge Couple Device) es el chip que convierte la luz en señal eléctrica, almacenándola en forma de "unos y ceros" en la memoria de la cámara digital.

Este es el dispositivo que realmente "toma la foto" (es la película de las cámaras digitales) junto con el CFA (véase Color Filter Array).

Originalmente desarrollado para apliacaciones de video, ha progresado en resolución y precisión a un nivel donde es común encontrar equipos de bajo costo capaces de capturar millones de pixels.

El rango dinámico de un sensor es definido por la profundidad de sus fotositos (microscópicos orificios donde la luz es recibida).

Tarjetas de almacenamiento

Las tarjetas de memoria son la película de las cámaras digitales, el sistema removible que permite almacenar imágenes digitales.

Existen varios formatos de tarjetas utilizados por las distintas marcas de cámaras: PCMCIA PC Card, Compact Flash Type I, Compact Flash Type II, SmartMedia, Sony Memory Stick y otros formatos menos populares.

Thumbnails (índice de imágenes)

La palabra inglesa "thumbnail" significa estampilla, y se utiliza en la jerga digital para hacer referencia al modo de previzualizar una foto con una imagen del tamaño de un sello postal.

En las cámaras digitales, los "índices thumbnails" reemplazan a los llamados "contactos" de la fotografía tradicional, aquellas hojas de papel sensible donde se imprimen todas las fotos de un rollo para elegir cuáles se copiarán a mayor tamaño.

La mayoría de las digicámaras permite ver las imágenes almacenadas en una tarjeta en modo "thumbnail" en la pantalla de LCD.

Muchas cámaras utilizan una grilla de 3 x 3 imágenes, aunque esto depende del modelo de cada equipo.

A menudo es posible llevar a cabo funciones básicas como eliminar o proteger fotos mientras la cámara se encuentra en modo "reproducción".

Viewfinder

Es un visor óptico que funciona en paralelo al lente principal de la cámara, mostrando lo que ingresa por el mismo.

Estos visores son a menudo un poco imprecisos debido a que enfocando a cortas distancias el viewfinder muestra un encuadre distinto al del lente principal. Para resolver este problema (llamado "parallax error") algunas cámaras poseen en los viewfinders unas líneas rojas en el ángulo superior indicando el real encuadre de la toma.

EDICIÓN DIGITAL

Artefactos (Artifacts)

Artefactos es un término utilizado para referirse a las distorsiones de una imagen, producidas ya sea por el sensor de captura (CCD / CMOS) y/o por el sistema óptico, algoritmos de proceso de la imagen o algoritmos de compresión de la imagen (JPEG). Los mismos se aprecian como pequeños elementos de distinto tamaño y color que se hacen visibles al aumentar el tamaño de las imágenes distorsionadas.

Artefactos producidos en la captura o en el sistema óptico

Es difícil atribuir los artefactos a una parte específica del sistema óptico de una digicámara ya que la mayoría de las cámaras del mercado posee todo el túnel óptico sellado lo cual dificulta el análisis de lo que allí ocurre.

Sin embargo, algunos fabricantes señalan que ciertos equipos de alta resolución y pixels de gran tamaño utilizan filtros para evitar que las altas resoluciones incorporen "ruido". Estos filtros pueden introducir artefactos (pequeños puntos no deseados) en la imagen.

Artefactos producidos por algoritmos de proceso interno

A menudo son causados por errores matemáticos y la combinación de artefactos introducidos por el sistema óptico del equipo.

El otro tipo de artefactos son los que genera el exceso de "ajuste de imagen" (sharpening), normalmente visible como un halo blanco o negro alrededor de las áreas contrastantes de la imagen (esto puede ser evitado disminuyendo los niveles de "sharpening" de la cámara, cuando es posible).

Artefactos por compresión JPEG

Cuando grabamos imágenes en formato JPEG (véase JPEG) el algoritmo "pierde" cierta información para producir un archivo de menor tamaño. A mayor nivel de compresión (archivos más pequeños) más es la cantidad de información que se pierde y mayor la cantidad de artefactos que se crean en la imagen.

JPEG es particularmente susceptible a la aparición de estas distorsiones debido a el modo en que intenta mantener los detalles de las imágenes (el algoritmo JPEG analiza la imagen en bloques de 8 por 8 pixels).

Tip del profesional

Cuando edite digitalmente una imagen en varias sesiones es recomendable grabar las imágenes temporales en formatos sin compresión (TIFF, BMP, PSD) para evitar la acumulación de pérdida de calidad por el algoritmo JPEG.

Si usted, por ejemplo, guarda una imagen en formato JPEG calidad 4, la cierra, la vuelve a abrir y la graba otra vez en JPEG calidad 4, el tamaño del archivo no se reduce pero cada pasada por el algoritmo degrada la imagen e incorpora artefactos indeseados.

De modo que la recomendación es comprimir luego de finalizar la edición de las imágenes.

Balance de blanco (White Balance)

Es el nombre que se le da al sistema de corrección de color que compensa las condiciones de iluminación cambiantes.

Normalmente, nuestros ojos tienen la manera de compensar los cambios de intensidad en la luz, pero cuando utilizamos una cámara digital, la misma tiene que encontrar el "punto blanco" o "white point" que se utiliza como parámetro para corregir el resto de los colores con la misma luz.

La mayoría de las cámaras posee balance de blanco automático, esto significa que la cámara analiza todos los colores de la imagen y calcula el balance de blanco promedio. Sin embargo, estos sistemas suelen funcionar erróneamente (especialmente si la fotografía a tomar está dominada por un color, por ejemplo el verde).

Algunas digicámaras permiten desactivar el balance automático de blanco y seleccionar un ajuste manual (generalmente se puede elegir entre "soleado", "nublado", "fluorescente", "incandescente", etc.).

Algunos equipos dirigidos al mercado "prosumer" (consumidores profesionales más selectivos que los amateurs) poseen "white preset", que es simplemente la habilidad de medir la temperatura del punto blanco de una pared, una hoja de papel o elemento blanco bien iluminado, la cámara grabará esa temperatura y la utilizará para corregir las imágenes hasta que se tome una nueva medición o se active el balance automático

Temperatura del color

Cada tipo de luz puede ser representada por una temperatura numérica.

Las siguientes son valores de las temperaturas en condiciones de iluminación típicas.

Tipo de luz	Temperatura
Incandescente	2500K - 3500K
Atardecer	4000K
Fluorescente	4000K - 4800K
Soleado	4800K - 5400K
Nublado	5400K - 6200K
Oscuro	6200K - 7800K

Blooming

Cada pixel en el sensor de una digicámara (CCD / CMOS) tiene un límite de carga que puede almacenar.

Blooming es el nombre que se la da a la distorsión producida en las imágenes por el exceso de carga o saturación de un pixel o más en el sensor del equipo.

Este problema se resuelve con la activación de un sistema existente en algunas cámaras, denominado "anti-blooming gates", que funciona recorriendo el sensor pixel por pixel en busca de exceso de carga.

Aun cuando se trabaje con equipos que compensen el exceso de carga en el sensor (generalmente por exceso de luz), en casos de sobreexposición aparecen pequeñas líneas verticales en los bordes de algunos objetos (por ejemplo los detalles de las hojas de un árbol recortadas sobre un cielo brillante) que sólo se podrán eliminar mejorando la exposición o en edición digital posterior.

Gamma

Debido a ciertas limitaciones del hardware, los monitores (también llamados CRT por "Cathode Rays Tube") no responden linealmente a los niveles de luminocidad que ingresan desde las computadoras. La relación de brillo entre la señal que se emite y la reproducida por la pantalla no es 1:1 (es un factor entre 0 y 1.0).

La respuesta de los monitores es generalmente más oscura que la imagen de origen, especialmente en el espectro más oscuro del rango tonal.

Para compensar esta desviación se utiliza un método llamado "Gamma correction" el cual modifica las imágenes de modo que la luminosidad de la imagen y la de un monitor específico concidan y se acerquen más al original.

Cuando se trabaja con aplicaciones de retoque digital (por ejemplo Adobe Photohop®) es necesario establecer un valor de "gamma correction" que se ajuste al monitor, utilizado de modo tal que lo que vemos en pantalla se ajuste a la imagen original.

Histograma

La función histograma en una cámara digital permite al fotógrafo rápidamente ver el nivel de exposición de una imagen en relación al rango dinámico de grises.

El histograma es un gráfico con dos ejes: nivel de brillo en el horizontal (de negro a blanco) y el número de pixels en cada nivel en el eje vertical.

Entender lo que el histograma nos dice acerca de la exposición de una imagen es un buen método de evitar fotos quemadas o sobreexpuestas.

Interpolación

Interpolación (también llamado "resampling") es un método utilizado por digicámaras y aplicaciones de retoque para incrementar el tamaño de una imagen digital.

Algunas cámaras utilizan la interpolación para producir imágenes más grandes que las captadas por el sensor o para crear el efecto de "zoom digital".

Cuánta calidad mantendrá la imagen al ser agrandada evitando el efecto de pixelación o "serrucho" dependerá de la sofisticación del algoritmo utilizado.

Nearest Neighbour interpolation
(interpolación de vecino más próximo)
Este es el método más simple y rápido de interpolación; al aplicarlo, el algoritmo toma el color del pixel más próximo al nuevo pixel creado y se lo asigna.

El resultado suele ser deficiente y con visibles rastros de distorsión o pixelación, pero útil para examinar una imagen en detalle.

Bilinear interpolation (interpolación bilineal)

Este algoritmo produce imágenes con bordes más suaves y casi sin distorsión.

El método que utiliza es analizar pequeños cuadrados de 4 pixels de lado y tomar promedio de los colores para asignarlos a los pixels nuevos.

Bicubic interpolation (interpolación bicúbica)

El más sofisticado de los tres algoritmos, la interpolación bicúbica produce las imágenes ampliadas de mayor calidad. Cada pixel nuevo es el resultado del promedio de colores de los 16 pixels (cuadrado de 4 pixels de lado) más próximos.

Este es el método más comúnmente utilizado en edición digital de fotografías, impresoras y digicámaras, ya sea para ampliar como para reducir imágenes.

Algunos fabricantes (especialmente Fujifilm con su reciente implementación SuperCCD) poseen sus propios sistemas de interpolación que permiten incrementar sensiblemente la resolución de las imágenes sin perder calidad.

JPEG

El formato de imágenes JPEG (tal es el nombre del algoritmo de compresión) es el más utilizado por las cámaras digitales. Las cámaras más profesionales adoptaron este sistema aun cuando es considerado un formato de compresión "con pérdida" de información.

La razón de tanta popularidad se debe a la habilidad del algoritmo JPEG de reducir el tamaño de los archivos hasta casi 10 veces sin degradación visible de la imagen.

Una imagen de 1.5 Mb almacenada en formato JPEG no presenta casi diferencias de la misma imagen guardada en formato TIFF con un tamaño de 9.2 Mb.

Una síntesis de cómo funciona el algortimo JPEG:

Cuando una imagen es almacenada en formato JPEG, lo primero que ocurre es que la misma es convertida de RGB (red, green, blue) a YUB, un esquema de color que almacena información acerca de la luminancia (brillo) y la crominancia (rango tonal).

Luego la imagen es dividida en bloques de 8 x 8 pixels los cuales son procesados de forma independiente.

En este punto, el algoritmo JPEG genera unas tablas de cuantización que utiliza para saber cuál es la información menos importante para poder descartarla y así poder reducir el tamaño del archivo.

La cantidad de información a descartar dependerá de la variable "calidad" ajustable por el usuario que va desde 0 a 10, estableciendo una relación inversamente proporcional: a mayor calidad, menor compresión.

RAW (formato de imagen)

Formato no estandarizado entre las cámaras de uso masivo que permite la compresión sin pérdida con mayor efectividad que el formato TIFF (ver TIFF).

RAW es popular entre ciertos equipos de última generación que no aplican ningún efecto a la imágenes para su posterior edición en sistemas digitales de retoque.

Rango dinámico (Dynamic Range)

El rango dinámico de una imagen es la relación que existe entre los valores de luz de una imagen (áreas más oscuras y áreas más claras).

Una escena que presenta zonas con brillos estridentes de luz solar y sombras profundas tiene un "rango dinámico" alto, mientras que las tomas hechas en interiores con poco contraste (por ejemplo, un cumpleaños) tienen rangos dinámicos bajos.

No siempre es posible capturar todo el rango dinámico de una escena con una cámara digital, ya que éstas suelen comprometer su capacidad en situaciones de mucho contraste a una parte de la escena.

Este compromiso es necesario porque ninguna cámara o dispositivo de impresión (incluyendo el ojo humano) podrán reproducir el casi infinito rango dinámico de la vida real.

Reducción de ruido (Noise Reduction)

"Noise Reduction" es el método que utilizan ciertas digicámaras para remover ruido (pixels aislados de color contrastante) de una imagen digital. El método se basa en una imagen adicional llamada "dark frame", que la cámara toma con el obturador cerrado durante el mismo tiempo que la imagen original, y que será utilizada como máscara para remover estos pixels indeseados.

Tip del profesional

Este método de reducción de ruido también puede ser implementado en Photoshop®.

Simplemente tome la imagen original, luego una segunda imagen con el lente cubierto y el mismo nivel exacto de exposición (esta será nuestra "dark frame").

Abra la primera imagen en Photoshop®, pegue el "dark frame" como nueva capa, aplique Gaussian Blur (aproximadamente 0.3 pixels), luego cambie el modo de esta capa a "Difference".

Esto hará un excelente trabajo de eliminación de los puntos indeseados de la imagen original.

Resolución

El término resolución suele generar confusión en ciertos usuarios debido a los diferentes significados y contextos en los que aparece.

Cuando hablamos de resolución hacemos referencia a la nitidez y detalle de una imagen. El problema es que no todos los soportes o sistemas miden la resolución del mismo modo.

La resolución de una imagen digital se mide multiplicando el número de pixels verticales por el número de pixels horizontales. La resolución de una impresora se mide en DPI o "puntos por pulgada". Pero ¿cómo se mide la resolución de las cámaras digitales?

El método profesional más aceptado es utilizar la norma PIMA/ISO 12233 cuya especificación establece la manera de medir resolución de líneas verticales y horizontales, la performance del sensor con distintas frecuencias y con distintos ángulos. Los valores resultantes siempre miden líneas por el alto de la imagen. La mayoría de las nuevas digicámaras megapixel son capaces de resolver alrededor de 1100 líneas de alto de la imagen, que con una relación 4:3 nos daría 1466 x 1100.

Algunos ejemplos de resolución de distintos modelos de digicámaras

Olympus C-3020Z	2048 x 1536 / 1600 x 1200 (baja resolución)
Agfa ePhoto 1280	1024 x 768 (interpolada: 1280 x 960)
Nikon Coolpix 300	640 x 480
Sony Mavica FD-71	640 x 480 / 320 x 240 (baja resolución)

Sensitividad (ISO)

En la fotografía tradicional (de papel sensible) los varores ISO (ASA) representan la sensitividad de la película.

Una película con valor ISO bajo (por ejemplo, 25) requiere más luz para crear la misma imagen que una con valor alto (por ejemplo, 800), de modo que las películas con ISO alto son las recomendadas para tomar fotografías de alta velocidad (o poca luz). Las películas más veloces tienden a presentar más grano y menor respuesta de color que los de baja velocidad. La mayoría de los usuarios amateurs utilizan film ISO 100 ó 200, denominados en la jerga como "películas para día nublado".

En una cámara digital la sensitividad depende del dispositivo de captura: el sensor (CCD / CMOS), que comparado con las películas químicas es relativamente "lento" con una sensitividad óptima cercana a los 100 ISO.

En una cámara tradicional, cuando decidimos la película que se va a utilizar, tendremos que trabajar con la misma sensibilidad (por ejemplo, 200 ISO) hasta que se acabe el rollo (se puede cambiar de rollos en el caso de las APS). En cambio, con las digicámaras, podemos seleccionar la sensitividad ISO para cada foto en el momento de tomarla.

Este es uno de los aportes de la tecnología digital a la fotografía.

Entre los últimos modelos de equipos digitales profesionales encontramos algunos con sensibilidades superiores a los 400 ISO, con impresionantes niveles de calidad de imagen.

Serrucho (Jaggies)

Difícilmente sea este un término técnico, aunque muy descriptivo. Fue acuñado por los usuarios para referirse a los visibles "escalones" que aparecen en las líneas diagonales en cualquier imagen digital (monitores, paneles LCD, etc.).

Estos escalones o "serrucho" son la consecuencia de la forma cuadrada de la mínima expresión de los dispositivos de representación gráfica digital: el pixel.

Para reducir la visibilidad de estos serruchos, se utiliza una técnica de "alisado" llamada "aliasing" que consiste en generar nuevos pixels alrededor de los bordes en colores que se encuentran en el medio de los valores del objeto y del fondo.

Un modo de ver cómo es el funcionamiento del "aliasing" es aumentar el tamaño de una imagen al 300%. Allí se podrán observar los bordes de las líneas y de los objetos con pixels de colores en gamas decrecientes que suavizan los serruchos.

Los serruchos son (desafortunadamente) más visibles cuando aplicamos a las imágenes contraste y definición (ya que los efectos de definición como el "sharpening" remueven el "aliasing").

Es por eso que es recomendable utilizar niveles de "sharpening" bajos cuando tomamos imágenes con cámaras de baja resolución.

Sharpening

Se denomina así a la capacidad de mejorar la definición y detalle de las imágenes digitales.

Se realiza a partir de fórmulas matemáticas complejas que se ejecutan sobre la imagen.

Lo que ocurre al aplicarse es que se mejora la visibilidad de las áreas entre los tonos claros y oscuros de una imagen.

Sharpening en las digicámaras

La mayoría de las digicámaras aplican, como parte normal del proceso de la toma, cierto nivel de "sharpening" a las imágenes.

El problema con el sharpening de las cámaras es que incrementa la visibilidad de serrucho y genera aparición de artefactos (véase "artefactos")

Recientemente, las cámaras digitales de uso masivo permiten a los usuarios controlar el nivel de sharpening a aplicar (desde el menú de opciones). Los equipos profesionales muy sofisticados toman las imágenes a muy alta calidad y las mantienen intactas (formato RAW, es decir "sin efectos") de modo que toda edición de las mismas se realice posteriormente en programas específicos (por ejemplo, Adobe Photoshop®).

Sharpening en los programas de edición digital

Probablemente el más popular método de mejora de definición de imágenes es el que se aplica desde Adobe Photoshop®, en sus dos variantes: "Sharpen" y "Unsharpen Mask" (un nombre un tanto confuso), los cuales producen excelentes resultados sin dejar rastros excesivos en la imagen.

Tip del profesional

Es bueno familiarizarse con el uso del "Unsharpen Mask" de Photoshop® y de sus parámetros: porcentaje, "radio de pixels" (radius) y "nivel de umbral" (threshold).

Recomendamos no utilizar valores de "radius" superiores a 0.8 pixels ya que esto tiende a generar un "halo" indeseado alrededor de los objetos de las imágenes procesadas.

TIFF

Es el acrónimo de "Tagged Image File Format", un complejo y flexible formato de almacenamiento de imágenes digitales.

En las digicámaras, el formato TIFF se utiliza para proveer un formato sin pérdida de información. TIFF utiliza modos de almacenamiento con canales de 8 ó 16 bit por color, permitiendo compresión sin pérdida (algoritmos LZW). Debido a que los niveles de compresión de TIFF / LZW son bajos y las imágenes en este formato suelen ser de gran tamaño, no es recomendable almacenar fotos en este formato en las tarjetas de memoria tradicionales (un archivo TIFF de una cámara de 3 megapixels puede exceder los 9 Mb). Es mejor utilizar el formato RAW (aún no ampliamente aceptado).

> *A pesar de llevar la extensión TIFF, las imágenes de los equipos Kodak serie "Professional DCS" se encuentran en un formato propietario de Kodak similar a RAW.*

Zoom Digital (Digital Zoom)

Zoom Digital es una expresión que usted habrá visto impresa muchas veces, sobre todo en cámaras digitales de lente fijo.

Ciertos fabricantes aportan confusión a los usuarios con equipos cuyas publicidades prometen capacidades de zoom por 6x, cuando la realidad es que la cámara posee un zoom óptico de 3x que puede sumarse opcionalmente al zoom "por software", o sea digital de 2x.

El zoom óptico es producido por el sistema de lentes de la cámara y es la modificación mínima y máxima de la distancia focal.

Por otro lado, el zoom digital no es más que el estiramiento del centro de una imagen que ya ha sido "digitalizada", de modo que este método de zoom sólo es recomendable para analizar áreas de la imagen y no para la toma de la foto.

EXPOSICIÓN

Apertura

La apertura –también conocida como el número-f– hace referencia al movimiento del diafragma de la cámara, la parte del equipo que puede ser comparado al iris del ojo humano.

Los valores de apertura representan el coeficiente entre la distancia focal del lente y el diámetro de su entrada (pupila). Este coeficiente puede ser representado de varias maneras: f/8, F8, 1:8, etc.

A menores valores de f, mayor es la apertura: f/2 significa que la apertura es la mitad del diámetro del lente, una apertura de f/11 significará que el diafragma está abierto un onceavo de su capacidad total.

La apertura tiene un impacto directo sobre otras dos variables esenciales de los sistemas ópticos: la profundidad de campo y la velocidad de obturación.

Los lentes con valores máximos de apertura grandes (por ejemplo, f/2) son llamados "lentes rápidos" ya que permiten mayor cantidad de luz hacia el sensor.

Captura remota (Remote Capture)

La captura remota se refiere a aplicaciones de software capaces de disparar remotamente a las digicámaras para tomar imágenes controladas por una computadora.

Equipos recientes como S1 Pro de Fujifilm o la Canon EOS-D30 pueden ser remotamente controlados vía el puerto USB de una computadora.

Este tipo de control remoto puede ser útil por dos motivos: las imágenes son almacenadas directamente en el disco duro de la computadora y es posible determinar intervalos exactos de tiempo para cada toma con propósitos diversos.

Exposición / EV

EV (exposure value) es el valor de exposición que hace referencia al tiempo en que el sensor de la cámara está expuesto a la luz al tomar una foto.

La mayoría de las cámaras modernas utilizan un dispositivo mecánico (como las cámaras tradicionales) para controlar la exposición del sensor, mientras que otras poseen obturadores electrónicos.

Cada nivel de exposición se determina con un valor numérico que surge de la relación entre la sensitividad del sensor CCD (ISO en el caso de las cámaras tradicionales), la apertura y la velocidad de obturación.

De este modo, una combinación de exposición podría ser: ISO 100, f/2.4, 1/60s.

Las cámaras automáticas pueden calcular estos valores sin intervención del usuario, mientras que algunas más avanzadas permiten ajustar manualmente la apertura (aperture priority), el obturador (shutter priority) o la sensitividad ISO del sensor.

En un sentido estrictamente fotográfico, EV es un número que refiere a la cantidad de luz que ingresa a la cámara a partir de las variables antes mencionadas (apertura, velocidad y sensitividad ISO).

La fórmula para calcular la exposición es: EV = log2 (apertura2 x (1/velocidad obturación) x (ISO/100)).

Como esta fórmula no es una operación sencilla y rápida de hacer, le ofrecemos una tabla para calcular el valor de exposición a sensibilidad ISO 100.

Velocidad

Apertura	F1	1.4	F2	F2.8	F4	F5.6	F8	F11	F16	F22	F32	F45	F64
1 s	0	1	2	3	4	5	6	7	8	9	10	11	12
1/2 s	1	2	3	4	5	6	7	8	9	10	11	12	13
1/4 s	2	3	4	5	6	7	8	9	10	11	12	13	14
1/8 s	3	4	5	6	7	8	9	10	11	12	13	14	15
1/15 s	4	5	6	7	8	9	10	11	12	13	14	15	16
1/30 s	5	6	7	8	9	10	11	12	13	14	15	16	17
1/60 s	6	7	8	9	10	11	12	13	14	15	16	17	18
1/125 s	7	8	9	10	11	12	13	14	15	16	17	18	19
1/250 s	8	9	10	11	12	13	14	15	16	17	18	19	20
1/500 s	9	10	11	12	13	14	15	16	17	18	19	20	21
1/1000 s	10	11	12	13	14	15	16	17	18	19	20	21	22
1/2000 s	11	12	13	14	15	16	17	18	19	20	21	22	23
1/4000 s	12	13	14	15	16	17	18	19	20	21	22	23	24

Sistema de medición (Matering)

El sistema de medición de una cámara digital es el encargado de medir la cantidad de luz en el cuadro y calcular la mejor opción de exposición.

La exposición automática es estándard en todas las cámaras digitales, de modo que con activar el modo "metering" sólo resta encuadrar y disparar para obtener (en el 90% de los casos) una imagen correctamente expuesta.

Velocidad (Shutter Speed)

La velocidad de obturación se refiere al tiempo que la "cortina" que cubre al sensor permite el ingreso de luz al mismo. En las cámaras digitales más antiguas este dispositivo era electrónico, mientras que en los modelos actuales ha sido reemplazado por los sistemas mecánicos tradicionales.

Una velocidad de obturación de 1/125s significa que el sensor es expuesto a la luz durante 1/125 de segundo.

Los fotógrafos con buen pulso puden sostener las cámaras sin moverlas a velocidades de 1/60s, aunque debajo de ese valor es recomendable el uso de trípodes o monópodos.

Los rangos tradicionales de velocidad van de 8/16s hasta 1/1500s.

Tip del profesional

Cuando esté tomando una fotografía donde sea necesario "congelar la acción" necesitará una velocidad de obturación aproximada de 1/250s.

Para evitar fotos "movidas" deberá tener una velocidad de obturación igual o mayor que la distancia focal en milímetros del lente (o zoom) por ejemplo, para un lente de 300 mm necesitará una velocidad de 1/300s+.

Tiempo (Time Lapse)

Es el modo por el cual la cámara puede dispararse automáticamente a intervalos regulares. Con este modo, es posible fijar la cámara en un trípode y enfocar un objeto que será fotografiado durante un lapso a definir por el usuario.

ÓPTICAS

Aberraciones cromáticas (Chromatic Aberrations)

También conocida como "estelas púrpuras" son el terror de muchos usuarios de cámaras digitales.

Las aberraciones cromáticas son distorsiones de color (púrpura o magenta) que aparecen en el borde de ciertos objetos en las imágenes digitales producto de la relación errónea entre la luz y la distancia focal.

Para evitar esta distorsión, algunas cámaras poseen sistemas de lentes con dos o más piezas de vidrio con diferentes coberturas refractivas que eliminan las diferencias de frecuencia y, por ende, la aparición de las estelas púrpuras.

Aunque su equipo no tenga lentes tan sofisticados es posible disminuir la aparición de estas indeseadas distorsiones a través del retoque digital (Photoshop®) en una técnica que se describe en la sección "Edición y retoque digital" del presente libro. Véase también la sección "Objetivos (Lentes)", de la página 20.

Lentes

La mayoría de las digicámaras de consumo masivo poseen lentes no intercambiables que han sido diseñadas para un tamaño específico de sensor. Sin embargo, algunos modelos más recientes están incorporando adaptadores para expandir la posibilidad de lentes. Estos lentes tienen por lo general distancias focales multiplicadoras de x0.8 (adaptador de gran angular, por ejemplo, 35 mm se convierte en 28 mm) o x2.0 (adaptador de teleobjetivo, por ejemplo, 115 mm se convierte en 230 mm).

Debido al pequeño tamaño de los sensores en las digicámaras, los lentes utilizados en las mismas deben ser de mucha mayor calidad que los que serían aceptables en cámaras ópticas tradicionales.

Macro (Macro focus mode)

En términos fotográficos la palabra "macro" se utiliza para describir la habilidad óptica de producir ampliación 1:1 o mayor de un objeto en una película, esto es, permitir acercarse (no siempre físicamente) a un objeto pequeño sin perder definición.

En el mundo de las cámaras digitales existe a menudo un modo denominado "macro focus" que exige al sistema de auto foco de la cámara que se concentre en objetos más cercanos.

Entre los equipos que poseen esa función, debemos destacar sin duda al Nikon Coolpix 950 capaz de producir sorprendentes tomas cercanas, permitiendo, por ejemplo, acercarse lo necesario como para tomar exitosamente un cuadro de 2048 x 1536 a una distancia de 30 cms.

Perspectiva

La perspectiva es un fenómeno óptico causado por el ángulo de la imagen y la distancia focal de la lente utilizada.

La misma cambia la percepción del tamaño de los objetos y la profundidad de la imagen.

En ángulos mayores (menor distancia focal, por ejemplo 28 mm) el horizonte aparece más lejano de cualquier objeto que se encuentre cerca del punto de visión, mientras que en ángulos cerrados (mayor distancia focal, por ejemplo 200 mm) la distancia entre los objetos del fondo y del frente se achica.

FOTOGRAFÍA

Bloqueo automático de exposición (AE Lock)

Automatic Exposure Lock ("bloqueo automático de exposición") es la habilidad de calcular niveles de definición de exposición (apertura y velocidad de obturación) y bloquear el equipo para que utilice estos niveles durante una serie de tomas. Es muy útil para producir panoramas (cuando se toman imágenes para componer una escena que excede la capacidad del lente, cada imagen deberá tener la misma exposición).

Foco manual (Manual focus)

"Foco manual" es la posibilidad de desactivar el sistema de foco automático de la cámara para poder controlarlo manualmente.

En las cámaras digitales es importante contar con el foco manual en situaciones de poca luz, o cuando se desean hacer efectos especiales, aunque algunos modelos sólo permiten enfocar manual desde determinadas distancias.

Full manual

Se denomina "Full Manual Exposure" a la posibilidad de regular la apertura y la velocidad de obturación manualmente. Esto le otorga al fotógrafo un control total sobre la exposición, lo cual es útil para asegurarse la misma exposición en una secuencia de tomas.

Cuando la cámara se encuentra en modo "full manual" suele mostrar en el visor un medidor de exposición que indica valores de exposición calculados por el sistema de medición interno y que sirven de referencia al fotógrafo.

Prioridad de apertura (Aperture Priority)

Es la habilidad de configurar un rango de apertura y dejar que la cámara calcule los mejores niveles de velocidad y exposición.

Esto es importante si el fotógrafo quiere controlar la profundidad de campo por algún efecto específico.

Prioridad de obturador (Shutter Priority)

Es la habilidad de configurar un rango de velocidades de obturación y dejar que la cámara calcule los mejores niveles de apertura y exposición.

Shutter priority es útil cuando se desea "congelar la acción" (por ejemplo, agua de una cascada, escenas de deportes, etc.).

Profundidad de campo (PDC)

Profundidad de campo es una expresión que se refiere a ambos planos de una fotografía, tanto en el frente (cerca de la cámara, alrededor de 1/3 de la PDC) como por detrás (alrededor de 2/3 de la PDC) del "foco principal" donde la imagen se encuentra definida precisamente.

La profundidad de campo está vinculada principalmente con la apertura, distancia del objetivo (objetivos cercanos producen profundidades de campo ménos profundas) y la distancia focal (una lente de 28 mm a f/11 genera una PDC mayor que uno de 50 mm a la misma apertura).

Una apertura mayor (por ejemplo, f/2) produce una profundidad de campo estrecha, es decir que cualquier objeto detrás o delante del foco principal aparecerá borroso.

Un valor de apertura más bajo (por ejemplo f/11) generará una profundidad de campo mayor, es decir que los objetos dentro de un área por delante o detrás del foco principal permanecerán definidos.

Bibliografía

Encarta 99, Microsoft®, 2000.

Negroponte, Nicholas, *Being digital*, Ed. Alfred Knopf, Vueva York, 1996.

Nora, Dominique, *La conquista del ciberespacio*, Editorial Andrés Bello, 1997.

Mc Clelland, Deke, *Photoshop Bible 2nd edition*, Editorial IDG books, 1998.

Giannetti, Claudia et altve, *Arte en la era de la electrónica*, Editorial L'angelot, 1998.

Sitios web consultados:

http://www.agfa.es

http://www.terra.es

http://www.olympus.com

http://www.sony.com

http://www.nikon.com

http://www.panasonic.com

http://www.adobe.com

http://www.pentax.com